환상

나향 이기순 시집

도서출판 모던

저자의 말

서정에 몰입시켜온 내면의 꽃

오래전 한쪽 다리를 잃을 뻔했다. 목발에 의지하며 일 년 가까이 살았을 때의 불편함이란…,

다행이 하늘이 도와 다시 두 다리로 이 땅 위에 설 수 있게 되었다. 신이 인간을 창조할 때 두 다리로 딛고, 걸으며 두 눈으로 세상을 보고 느끼라고 둘로 만들었을 것이다. 그렇게 아픈 날들이 나를 담금질하였기에 세상을 응시하는 심안이 더욱 깊고 맑아졌는지도 모른다.

내 나이 어느덧 이순(耳順). 욕심 없는 삶, 버리는 일에 익숙한 삶을 살고자 하면서도 뼈를 깎는 고통으로 글을 쓰고 책을 만들 때마다 베스트셀러를 꿈꾸곤 한다.

사실 네 번째 작품집이 독자의 관심 안에 있든 관심의 밖에 있든 상관하지 않는다. 내가 쓴 글일지라도 내 마음에 흡족한 글은 몇 편 되지 않는 까닭이다.

작가가 책을 출간한다는 것은 독자 앞에 발가벗고 나서는 것이며 내면의 숨겨둔 부끄러움 모두 쏟아내는 것이다. 문학으로의 밀월여행, 밤마다 정처없이 떠나는 길, 여러 번 해가 바뀌어 갈수록 더더욱 갈피를 잡을 수가 없다.

문학이란 이름으로 백지 위임장에 내 이름 석 자 남기는 일, 서정에 몰입하여 심혼을 발효시키는 일이 이렇게도 힘든다는 것을 예전엔 미처 몰랐었다.

이번에 출간하는 4번째 작품집 《환상》 은 자연에 접목된 독백이며 내 안에 앙금처럼 침전된 삶의 고백서이다. 오늘따라 시드니의 봄기운이 내 영육으로 슬금슬금 스며든다. 햇살과 바람이 노래를 부르며 내 문학의 길에 동참한다. 하늘엔 꽃구름이 환상이다. 시인은 가슴을 활짝 열고 세월 속으로 들어선다.

모처럼 홀가분한 마음이다.

2010년 9월 15일 시드니에서 나향 이기순 삼가

목차

제1부 | 환상의 거울속

제2부 | 이방인의 세월

제3부 | 그림자는 비상(飛翔)을 꿈꾼다

제4부 | 묵정밭에 꽃씨를 뿌리며

제5부 | 꿈꾸는 가을꽃

제1부 | 환상의 거울속

환상

뒤돌아서면 뒤섞이는 좁쌀 같은
내 기억 주머니
동여맨 앞섶은 풀리진 않았나 보다
아직은
부모자식이란 이름표를 달고
삶의 저울추에 달려있으니

쌍무지개가 선명한 아침
습관처럼 냉장고 문을 여는 순간
물속에 몸 불린 콩들이
애도의 눈짓으로 훌훌 껍질을 벗는다

저승길 떠나실 내 어머니
콩죽 먹고 싶어 물에 담가놓았던
그때 그 콩처럼
외롭고 차가움에 몸을 떤다
엄마와 딸로 아팠던 시간들이
이국(異國)의 햇살에 출렁이는데

환상(喚想)의 거울 속에선
시드니의 가을 꽃대
흐늘흐늘 걸어 나온다

※ 2009년 모던포엠 문학상 본상 수상작

푸른 대지에 휘날리는 씨방

발 없는 씨방
바람 가는 곳이면 어딘들 못가리
옥토나 자갈밭　가시넝쿨 속에서도
연녹색 생명 태동시키는 씨방
먼 대지 위로 꿈을 찾아 날아와 낯선 기류 속에서도
변함없는 온기로 삶을 가꾸어가는
그대와 나
같은 뿌리에서 익어진 씨방이 아니던가요

먹구름 낀 날이나 햇살 고운 날에도
한가락에 춤추며 살아가는 우리
이국의 삶에서 가슴 조이던 불면의 밤이면
언어의 단절로 익어진 씨방은
바다 건너 고국 하늘로 희뿌옇게 날려보내며
살아온 세월이 아니던가요
조국의 언어(言語) 일깨우려는 소망 가슴에 품었기에
오늘 이토록 고운 열매 아름아름 가슴에 담을 수 있었지요

그대여
우리의 씨방 태평양 위로 비상하는 그날까지
우리 절대로 날개접지 말아요
문학은 조국의 힘이요 개인의 자유요
삶의 원천이며 아름다운 축복이니까요.

※ 씨방 (一房)『식』암술대 밑에 붙은 통통한 주머니

당신이 오시는 소리

귀밑머리 하얀 은비늘 빛깔 띄우며
소복하게 쌓인 눈길 위로
싸그락 싸그락 당신의 발걸음
귀 기울이는 여인이 되어
차가운 달과 별 사립문에 걸어두고
봄꽃 같은 고운 미소로
나
오늘 밤도 당신을 기다립니다

시간에 순응하며
거칠 것 없는 구름처럼 살아갈
시인의 삶에
당신은 갈꽃의 나비가 되어
달과 별 걸어놓은 여인의 창가에
온유의 심성(心性)으로 찾아올
당신을 기다립니다

겨울밤 달빛 별빛 내걸린 신작로(新作路)에서
청춘으로 만났던 순백(純白)의 그날은
거울처럼 문득문득 내 앞에 세워지고
사랑이라는 이름 희석(稀釋)될까 두려워
시린 겨울날도 봄꽃으로 피어
나
오래오래 당신을 기다립니다

나를 태워라

서녘 하늘 검붉은 빗금 속으로
고뇌의 토막들이 뚝뚝 떨어진다.
주름진 살갗과 아픈 기억
애잔한 시간들
이방인 외경의 언어로 겪었던 치욕까지
삽시간에 삼킨다.
순간에 사라질 무거운 영혼
시인의 작은 눈물 한 방울까지
송두리째 태워버린 육신은 가볍다.
남은 가죽이 맨바닥에서 탑을 들어올린다.
그렇게 삶을 다독이며
너와 나를 포개고 깊숙이 침잠(沈潛)할 때
황홀하고 장엄한 무지개를 볼 수 있음이라
역지사지(易地思之)처럼
바람과 비구름이 타협하는 곳에서......,

내 안에 그대

돋을 볕 햇살이 아름다운 시드니에
은회색 물살이 돌면
해넘이 서녘 하늘 황홀한 감빛 물을 뿌린다
세상 속에서 나뒹굴던 생의 원천들
하나 둘 어둠의 뒷자락으로 꼬리를 내리고

새들도 숲의 우듬지에서
연홍빛 사랑을 노래하는데
황혼으로 물들어가는 그대와 나의 사랑
시나브로 익어져
어느덧 내 안에 오색열매로 달려있다

언제부턴가
서로가 서로를 보듬어온 세월
빛과 어둠 속에서도
진정
사랑이라는 이름을 가진
가슴 넓은 그대가 있었기 때문이리라
세월 속에 그대여
나 어찌 그대 눈에 곱기만 하였겠는가
나 그대 눈에 영원한 꽃이고 싶은데.....,

그대 아는가, 무궁화를

푸르른 잎사귀 정오의 햇살에 퉁겨져
내 심안으로 뛰어든다
태평양 모진 바람에도 강인한 위용(偉容)으로
"우뚝 서있는 섬"
천 년 이후에도 낙원이라는 이름표 달고 있으려나?
수많은 눈동자 홀로 뜬 섬에 씨를 뿌리고
그때마다 설익은 열매 신열을 앓는다.

그대들은 어디에서 왔는가
누구를 위하여 둥지 틀었는가
목 줄기 타고 흐르는 땀
세월에 타협(妥協)해보지만
아린 기억들 너덜너덜 바람에 흔들거린다

생경한 삶 속에 무궁화 활짝 피우려고
이방인 총총(悤悤)히 걸어온 시간
밤새 빗자루로 쓸어놓은 대지에
햇살이 부스스 눈을 뜬다
색깔 다른 눈동자 깨어나지도 않았는데
홀로 뜬 섬에선 청색깃발이 펄럭인다

오아시스라 명명(命名)하면서
"홀로 뜬 섬" 천 년 이후에도
오아시스이기를 고집하는 이 섬에
뿌리내린 "무궁화" 활짝 필 그날까지
내 눈동자 잠들기를 거부한다

눈부신 햇살에 무궁화 활짝 필 때까지……,

솜털구름 닮은 마음

청옥빛 하늘에 솜털구름 떼지어
어디론가 흘러간다 나도 기차를 타고 간다
내 마음 바람결에 옥색그네를 타는
한가로운 오후, 시드니 햇살이 참 곱다
나뭇잎 노래 귓전에 들려온다
나는 한 권의 책을 펼친다
누군가가 그랬던 것처럼
바람에 구름 가듯
내 사랑도 호젓하게 시간을 따라나선다

아름다운 꽃에서 낙화(洛花)를 생각하면 슬퍼지니까
그저 오늘 피어있는 꽃은 꽃으로만 보기로 했다

지난겨울 시드니 강풍에서도
뿌리 뽑히지 않고 잘도 버텨온
내 집앞 동백나무 어느새 사랑을 하였기에
발그레한 얼굴로 배시시 웃는 것을 보면
어두움 속에서도 희망은 세월과 타협하는 것인가 보다

누군가가 그랬던 것처럼 가끔씩 가끔씩
내 마음이 방랑자이고 싶을 때는
문학(文學)의 텃밭에서
초록바람을 건질 것이라고 말하고 싶다
가끔씩 가끔씩 내 육신이 무거울 때는
그냥 이렇게 세월의 강에서
솜털구름을 건질 것이라고 말하고 싶다
강풍에서도 흔들리지 않는 나무처럼.....,

도시의 노예

불빛 꿈틀거리는 거대한 인간의 도시 어느 TV광고문구에서 춤추는 여인의 웃음도 현란한 몸동작도 원초적 본능이 아닌 장식용에 불과하다.
소녀의 머리에 꽂혀있는 반짝이는 머리핀처럼 어둠이오면 빛을 잃을 것이기에

오늘 낯익은 거리도 내일이면 과거의 모퉁이를 돌아설 것이고 삶은 하나 둘 낯선 불빛들로 다시 질퍽거릴 것이다. 밤거리에 쏟아지는 도시에서 땀은 순식간에 시간을 먹는다. 대지에 내려진 적막, 그리고 고독까지 남김없이 먹었다 토했다 반복하면서 황금은 진실을 소외시킨다

낯익음과 낯 설움으로 교차시키는 도시 탐욕의 불빛으로 비틀거린다. 초목들이 혼미해질 때까지 또다시 도시는 원초적 본능에 심한 몸살을 앓는다. 인간과 인간의 팽팽한 빗장을 풀기 위하여 시간은 오늘도 끝없이 분주하다. 어둠과 빛이 화해하는 인간의 도시에서

홍시

내 사랑
비닐봉지 속에 단감 몇 개
정겨운 눈빛 담아 내 앞에 내밀었다
문득
어린 시절 땡감으로 홍시 만들어주던
내 할머니 얼굴이 추억으로 겹쳐져
부엌 한쪽 바가지 속에 넣어두었다

며칠 후
말랑말랑 홍시의 속삭임 들려오더니
어느새 발그레 물든 홍시얼굴이
황혼으로 물들어가는
내 마음의 잠금쇠를 풀어놓는다

오늘은
붉게 물든 홍시 한 입 물고
살포시 웃는 나에게
내 사랑하는 사람 육십 촉 눈길은
나를 곱디고운 연홍색 봄꽃으로 피게 한다

홍시 한입 물고.....,

봄 마중

세월이 찬바람을 품은 순간부터
시작되었던 육신의 반항
안으로만 잠재된 소리들의 정체
시간 안에 침전된 욕망
그 모든 것들이
햇살을 부여안고 스러지기를 시작한다

녹색이 태동하는가 보다
연보라 싸리꽃들이 뺨을 비비며
보송보송 피어나는 보빈헤드 계곡에
시린 시간들이 또 하루에 묻혀 흐른다
세월이 빠른 것인가
내가 느린 것인가

세월이 다른 얼굴로 눈앞에 우뚝 선다
쇼핑센터 여기저기 "세일세일"
황혼은 화려한 외출을 꿈꾸는가
발걸음은 무거운데 연녹색마음이 눈을 뜬다
거짓도 진실도 필요치 않은 순간이 이런 것인가

사고(思考)와 안목(眼目)의 일치를 꿈꾸어 보지만
오늘도 헛된 망상 하나를 주머니에 넣는다
진정 내 것을 찾아낸다는 것
한 꺼풀 껴입은 욕심이 거울 속에서 야릇하게 웃는다
또다시 하루의 파편이 퉁 하고 머리를 치면서
또 다른 하루에 밀려가고 있다

※ 보빈헤드(Bobbin Head): 시드니 북쪽 국립공원

8월에게

서성이던 시드니 겨울
감빛 서녘으로 온 봄빛
연민의 정(情) 가슴에 품고
내 그리움 어디쯤에서
연녹색 보푸라기로 휘날리고 있을까

세월아 세월아
그리도 빠르게 달아나면
나 어찌 너를 잡을 수 있단 말이더냐
이 연약한 육신
서녘 하늘처럼 붉게 물드는데......,

※ 2009년 시드니의 봄

만개(滿開)

시드니 봄바람 하얀 꽃비로 내리고
하늘에선 시어 하나 쏘옥 얼굴을 내민다
햇살이 나뭇가지 사이로
찰랑찰랑 물무늬를 그리는 요요로운 날
이방인 허기진 가슴에 "오아시스"라는
화두(話頭)를 걸어두고 시간과 타협한다
내 안에 피워가는 문학의 꽃
언제쯤 만개(滿開)할 수 있겠느냐고

날아가던 세월이 말한다
또다시 꽃비 내리는 봄날 기다리라고......,

시드니의 3월 밤

열사의 시간 서녘 하늘 불태우면
고향집 처마끝에 매달린 추억들
찰랑찰랑 항구처럼 그리워진다

시드니의 삼월 달(moon)
해산(解産)하는 밤이면
내 가슴속에 걸어둔 빛바랜 사진첩
뒷마당 자카란다(jacaranda) 나뭇가지에서
우수수 초록 편린처럼 떨어진다

그때 그 소녀 고향 봄 들녘에서
아지랑이 쫓던 그때 그 소녀는
어디로 가고
머리에 잔설 앉은 황혼의 나그네
추억의 고샅길에서 서성이는가
민들레 꽃씨처럼……,

독백(獨白)

봄바람 일렁거리는 길목마다
붉은 서정(抒情) 나부끼고
계절 잊은 나그네 독백(獨白)
은빛 억새로 너울져 삶의 강을 건넌다

이향의 길목에 봄바람 나부낄 때
허공에 맴돌던 붉은 열정
세상 풍경 그리워 꽃비로 운다
외로움 자처한 나그네 가슴처럼
시인의 텃밭에 푸르른 심지(心志)
까칠한 봄바람에 넘어질까 두려워
눈앞에 찰랑이는 욕망의 나래 접으련다
가슴속 불씨 꺼지지 않게......,

별빛처럼

그대 말 한 마디에 내 가슴은 뛰었고
그대 심어놓은 꽃잎에
내 손끝 선홍빛으로 물들었습니다
내 볼에 별빛이 차오르는 것은
그대 오늘도 밤별이 되어
내 가슴속에 떨어지기 때문입니다

시인의 언어는 늘 설익은 감처럼
삽미(澁味)로 입안을 채웠고
온전치 못한 뿌리에서 움튼 이파리처럼
작은 바람에도 아파하고
가냘픈 햇살에도 몸을 숨기는
내 삶에 그대는
하늘이요 땅이요 공기였습니다

하지만 그대여
나의 내면은 묶어 두지는 마세요
훨훨 날아가는 넓은 자유도 주지 마세요
다른 세상으로 보내지도 마세요
언제나 그대 곁에 머물게만 하세요
일정한 거리에서 목마름의 우물이 되어주세요
그때마다 나는
두레박에 꽃잎이 되어 당신의 가슴에 담길게요
물결에 휘청거려도 좋아요
별빛으로 당신의 가슴속에 봄밤이고 싶어요
영원히 빛나는 그런 별빛이고 싶거든요

※ 2009년 봄밤 내 사랑 그대에게

오월에게

가끔씩
그대 마음 아릿해질 때면
먼 하늘을 보세요
푯대를 향한 기러기는
바람에 흔들리지 않으며
만개한 꽃은
낙화를 기억하지 않으니까요
세월은 바람에 흔들리지 않아요

빛은 소망이란 이름표 달고
그대 가슴속 징검다리 건너며
물에 뜬 달빛을 건질 겁니다
그대 마음에 회색비 내릴 때는
밤하늘을 보세요

긴 꼬리 흔드는 별빛
내 가슴에 담을 테니까요

※ 2009년 5월이 떠나가네요

올해도

마음속에 물구나무로 서있던
추억 한 줌 멀미를 한다
보리밭 사잇길에 아롱거리는 고향
복순이네 오두막에 배어있던 웃음소리
그 속에 묻어나는 콩 익는 내음
오늘따라
하얀 뭉게구름으로 부풀어오른다
시드니 햇살에......,

추석날 밤

유리창으로 스민 달빛이
내 가슴에도 스며든다
어린 시절 추석날 밤 그 달처럼
둥글둥글 걸어 들어온다

이향의 나그네 가슴 속으로
어머니의 추석이
백설을 머리에 이고 사뿐히 들어온다
내 아버지의 생률(生栗)치는 모습도
시계추에 매달려 흔들거리고

동백나무 위에 올라앉은
바람이 노래를 부른다
어린 시절 추석날 밤 골목어귀 돌아오던
그 휘파람소리처럼 애잔하게
세월의 이랑 속으로 둥글둥글 걸어 들어온다

동구밖에 달이 뜨면

가을빛 짊어진 서녘 땅거미로 내려앉으면
빈 가슴속에 뛰어들던 그리운 이름 가뭇없이 스러진다
달 그림자 먼 산 휘돌아 강 언저리에 자리를 깔면
동구밖에 서성이는 어머니 모습이 눈앞에 아롱진다

꽃피는 봄날에 돌아온다던 그 약속 몇 년째
시들은 마름처럼 가슴속에서 버석거려도
달빛에 소란소란 구멍 뚫린 추억의 이름표 깁는
어머니의 애잔함 내 어찌 몰랐을까

해마다 추석이 오면
기다림이란 이름표 가슴에 달고
동구밖에 서성이는 어머니
금방이라도 하하호호
한아름 웃음소리 안고 뛰어들 자식들 기다리며
모든 시름 다 내려놓고
해맑은 아이로 돌아앉는 어머니의 심정을.....,

※ 시드니는 봄, 고국은 추석

평정(平靜)

넓은 산 위에서 허공을 더듬는다. 감긴 눈으론
길모퉁이도 볼 수 없는 것처럼 산 너머에 또 다른 산
볼 순 없지만 내 심안(心眼) 고향 밭고랑에 머문다
헛헛한 가슴속에 보리 익는 내음이 서린다
나에게도 보릿고개 넘던 세월 있었던가

세찬 바람 사정없이 등짝을 때리고 뼛속에선 냉기가 돌출한다
나는 산 위에서 산을 내려다본다
산은 올려다보아야 산이 아니던가
내려다보는 블루마운틴(Blue Mountain) 거대한 등골에서
우짖는 산새소리에 정신이 번쩍 든다

바람의 등 비비는 잎새소리 내 영육 일깨운다
삶에 막막함 있거들랑 산을 내려다보듯
인생사 올려다보지 말라고
세상, 길 없는 곳 없으니 산 옆구리 끼고 돌 듯
길 위에서 평정(平靜)을 찾으라고.....,

※ 2009/10,14, 시드니 서쪽 블루마운틴에서

이방인의 여름

투명했던 젊음
꿈결같이 스쳐가고
실낱같은 그리움
담쟁이 넝쿨처럼 휘감겨
몸살 앓는 11월
보내고 떠나는 정
살아온 숫자만큼
단단하게 여물어지려나

어느덧 11월
두 장 남은 달력
팔랑팔랑
삶의 잔재를 털고 있다

※ 2009년 11월에

행복

보랏빛 수국이 온종일
태양을 머리에 이고
꽃잎이 쏟아내는 언어
초혼(初婚)의 설렘이다
눈부신 희열이다

나 오늘
초로(初老)에 아플지라도
시드니의 여름밤
쏟아지는 별무리 가슴에 안으리

샛노란 칸나꽃

밤새도록 토닥토닥 비가 내리더니
온종일 쉿물같이 절절 끓이던 그리움
서로를 껴안고 샛노란 꽃으로 피어
내 고향 빈집 앞마당을 옮겨놓았나
밤비 먹은 하늘이 시퍼렇다
이슬 먹은 나무들이 청량하다
세상이 더없이 맑다
진실이 초록 뒤에 숨어있는지
샛노란 꽃잎 지기 전에 저울에 올려볼까
어느 쪽으로 기우는지

인간이 자연 앞에선 얼마나 연약한 존재인가
밤새 내린 작은 진실에도
자분자분 차오른 샛노란 꽃봉오리 보면서
나 스스로 길어내지 못한 영혼의 샘물
역시 탁하다
나도 한때는 아침이슬 먹은 칸나꽃처럼 청순하였지……,

보랏빛 사랑

서녘 하늘 물들인 진한 그리움
가슴속 멍울로 터지는 웃음이여
햇살 따라 반짝이는 빛살무늬 서정이여
시간 속에 묻어놓은 젊은 날의 열정이여
이 아름다운 날에 차마 꺼내볼 수 없는
내 보랏빛 꿈이여

회색 가슴의 아픔을, 너 어찌 알리
목젖 타는 갈증을, 너 어찌 알리

시간이 갈구하는 생의 원천(源泉)
여린 영혼으로 낙화(洛花)하는
자카란다(Jacaranda)꽃이여
내 젊은 추억이여……,

아쉬움

시뻘건 태양에 매달려
팔랑거리는 잎새들 사이로
여름 소낙비 스쳐가고
대지는 초록빛 기억을 더듬는다.
아무도 모르게
꿈꾸던 진보라색 몽우리
아름다운 새소리에 내려놓고
11월이 갔다
시드니 자카란다 꽃잎도 떨어지고......,

개똥벌레

너의 작은 춤사위에 초록별을 심었고
너의 작은 몸짓에 춤을 추었지
개똥벌레야!
다시는 볼 수 없는 꽃등불
허공에 춤추던
개똥벌레야!
너 사라진 들판엔 낭만이 사라지고
골패인 삶이 한숨으로 나뒹구누나

세월이 한 바퀴 지나가는
시드니의 길목에서 사람들은
색깔 다른 가면을 쓰고 춤을 춘다
참사랑을 말하고 정의를 외치며

영롱하게 반짝이던 너를
볼 수 없는 시드니의 여름밤에
하얗게 바래가는 그때 그녀가
너를 그리워한다

민들레

샛노란 가슴이 달궈진 시선으로
무딘 기억을 더듬는다
그저 인연의 고리에 걸려
벙어리 냉가슴 앓듯
가냘픈 꽃대궁 날숨을 쉰다
내일이면 흩날릴 운명일지라도
몇 방울의 진액에 미련 버리지 못하고
겹겹이 쌓인 그리움
가만가만 풀섶에 침묵을 흘린다

내 어머니의 질긴 삶
꽃씨로 날아간 그날처럼
시드니의 밤별 쏟아지는
오늘은
고향집 마당에 모깃불 내음이
한없이 그리운 밤이다

배롱꽃 낙화

시간이 잠시 멈추어
삶을 도정(搗精)시켜줄 수만 있다면
되돌아보아도 후회하지 않을 인생이고 싶은데
어제 만개했던 배롱꽃 낙화에
너 어찌 이토록 몸을 떠는 것이더냐
나그네 여숙(旅宿)에서 하룻밤 사랑처럼
서로를 녹여가는 것이 인생이 아니더냐

사람아, 사람아, 참사람아
세월에 묻어가는 바람 같은 사람아
삶이 고달프다 말하지 말라
훗날 그날이 오면
인생 간이역에서 추웠던 시간까지도
기억의 저편에선 추억일터인데
오늘 배롱꽃 낙화로 아파하지 말라
세상에 거꾸로 가는 시계 있기나 하더냐
그대나 나나
잠시 머물다 갈 이향(異鄕)의 나그네 아닌가

마음 거울

한번쯤 사랑하고 이별해 본
일상에 후회해 본적 없는데
소낙비 무슨 연유로
나그네 가슴에 홈을 파나

인연(因緣)과 인연 사이
빗금 긋는 소낙비처럼
나 젊은 날엔 누군가의 가슴에
빗금 그은 일 많았는데
여름햇살에 꺾인 소낙비처럼
노을 앞에선 빗금 또한 흐리구나

귀향(歸鄕)

(1)
수많은 별처럼 일렁이던
시상(詩想) 핏속을 타고 흐를 때마다
여리디 여린 영육
시간 속에서 파도처럼 울었지요
인간세상 거품 같은 욕망
버리지 못한 채 부서지며 울었지요
바다를 떠난 연어처럼

평평한 들판에도 수렁이 있듯이
생경했던 대지 위에서
흔들리는 푯대 움켜지고
물거품 토하던 시간도 있었지요

(2)
시인이시여
밤마다 수없이 지웠다 쓰고
다시 지우신 그 글속에
지우지 못한 또 다른 언어
당신의 문학동산에
사랑의 나무로 자랄 것입니다
당신의 이름표를 달고

새벽을 빗질하는 반백의 나팔소리로
태양과 달과 별을 담은 눈동자처럼
영원히 식지 않는 시인의 노래
〈내 아들아!〉 나는 매일
너 가슴으로 귀향하고 싶구나
시드니 햇살처럼

※ 김명동 시인의 시집 "내 아들아!" 출판기념에 부쳐

삶이란 것

햇볕이 유리창문에 비스듬히 누우면
시간도 생의 무게 부려놓고 몸을 푼다
온종일 목마름에 애태우던
나뭇잎들 차그락 차그락 몸을 뒤척인다

웅크렸던 뼈 마디마디를 휘청휘청 풀어본다
잠자던 벌레처럼 꿈틀거리는 육신
병원을 벗어난 지 꽤 오래되었음에도
나를 온전하게 놓아주지 않는다

옷장에 걸려있던 계절들이
성급하게 나를 침범하려고 눈을 부릅뜬다
애잔한 추억들만 머리카락처럼 돋아나고
오늘도 나는 자분자분 책갈피처럼 가볍게 늙어간다
내 할머니의 오래된 집처럼 늙어간다

이 또한 안락한 삶인지도 모르지
내 안에 세월이 들고나는 일
내 안에 사랑의 무게 줄여가는 일
이 또한 현명한 일인지도 모르지
이런 것이 삶이니까

※ 시드니의 여름날 환상

제2부 | 이방인의 세월

동고동락

손때 묻은 물건들을 정리하는 날
내 덩치보다 무거운 보퉁이 속에서
콧등을 삐쭉 내민 구두 한 짝이 노려본다.
금빛광택의 영광을 주는 날 언제이냐고
기다리는 시간이 아프다고
아우성치는 기억의 무게 앞에 주눅이 든다

뒤뜰 자카란다 나뭇가지
가을햇살에 긴 그림자로 눕는 해거름
창고 속에 가방, 신발, 옷가지들이 몸서리친다
주인 지켜온 보상이 이런 것이냐고
저마다 길게 내뱉는 신음 소리

긴 세월 겨울외투처럼 타국의 수하가 되어
알 수 없는 그리움까지 고스란히 짊어지고
밤새워 앓던 그대의 그 고요를 기억하는 우리
언제인가 일어설 수 있는 그 시간에
형체도 없이 사그라지지 않기를 빌 뿐
그대와 동고동락할 그날을 기다린다고……,

연민

가슴속에 품었던
소녀의 연(緣)처럼
몽우리로 부풀던 그날
엊그저께 같더니만
오늘은 허기진 몸짓으로
잔디밭에서 나뒹구누나

가냘픈 실루엣이여
붉은 욕망이여
너, 어디로 가는 것이냐

별빛달빛 동무로 내리면
연홍빛 춘정에 몸을 떨던
너, 세월에 항변이었나

동백꽃 낙화 한다

세월 앞에선

햇살이 먹구름을 안고 숨바꼭질을 한다
빨간 기와지붕 처마에 한 발을 걸쳐놓고
바람 따라 찰랑찰랑 음표를 그린다
하늘도 높았다 낮았다 긴 한숨을 토한다

뒤뜰 자카란다 나뭇가지에 걸려있던
음표(音標) 가을바람에 하나 둘 떨어지면
뻥덕어미 치맛자락처럼
약삭빠르게 지나가는 세월 앞에선 이방인
속수무책(束手無策)으로 신열(身熱)을 앓는다
또 이렇게 한 계절이 안녕을 고한다

쭉정이와 알곡

어설픈 꽃대 시드니 겨울햇살에 툭 꺾어진다
황홀했던 세월 포만감에 뒤엉켜 검붉은 비명을 지르고
비궁에 빠진 허기진 영혼
몽유병자처럼 뒷골목을 떠돈다

헛된 꿈 지구촌 밖으로 반출(搬出)되어 툭 터지는 그날
대지는 진솔한 가슴에만 전설을 묻겠지
이방인 저마다 황금시절을 읊어대는 밤이면
허한 가슴 허공에서 바람소리로 윙윙거린다

오늘은 거친 세파 속에 쭉정이로 서있을지라도
비너스보다 더 아름다운 영육의 날개 달고
문학의 정금길 위에서 춤추는 그날
진정 퇴색되지 않은 새하얀 영혼이고 싶다
대지는 쭉정이와 알곡의 전설을 알고 있으니까

조각난 시간

새털 같은 언어(言語) 몽유병자처럼 떠돌다
시드니 겨울 햇살을 베고 벌렁 누웠다
허한 가슴 누군가 어루만져주기를 기다리며

세월에 묻어두었던 사연 헤집어 본들
되돌릴 수 없는 시간 조각조각 짜깁기해 본들
예술(藝術)은 의술(醫術)이 아니기에
"원상복구 불가"

어디에도 뿌리내리지 못한
피폐한 영혼이 처녀 속살보다 상큼한 언어로
실낱같은 희망하나 부여잡으려 안간힘 써보지만
병든 입술만 둥둥 떠다닌다
과대망상(誇大妄想)역시
"입원치료 불가"
중증일수록 자각(自覺)이 없는 경우가 허다하니까

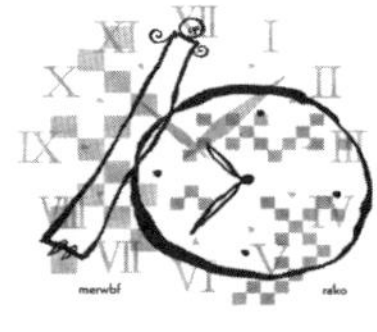

내면(內面)

세 여자, 혼스비 쇼핑센터 국숫집에 앉았다

속닥속닥 싱글벙글 은회색 추억 뒤집어쓰고
희뿌연 이빨을 드러내고 국수를 먹는다
후루룩 후루룩 목구멍으로 넘기는 반세기(半世紀)

검버섯 달라붙은 손등으로 옷깃을 매만지고
손거울 들여다보지만 삶에서 깨어난 먼지만 날릴 뿐
세월이 안겨준 허탈한 그림자 파르르 떤다

독일산 명품안경
희끗희끗 자존심으로 반짝이고
조잘조잘 히히호호
시간은 갈꽃으로 흔들거리고
유리창에 기대선 겨울 햇살이 따라 흔들거린다
해거름 오솔길 걷는 나그네 마음도 함께 흔들린다

회색 눈빛

뒷마당 잔디밭에 햇살이 녹으면
은회색 비둘기 한 쌍 사랑을 속삭인다
그때마다 우리 집 강아지 이리 뛰고 저리 뛰며
이빨을 드러낸다. 참 모를 일이다
슬픈 눈 깜박이며
후루룩후루룩 날아가는 비둘기
선한 눈빛에 마음이 아프다
쌀쌀한 겨울 어디에서 몸을 녹일까
햇살 고운 날에 찾아오려나 기다려진다

가로수 사이로 휑하게 겨울바람 불면
그들도 아늑한 우리 집 뒷마당이 그리울 텐데……,

무궁화

서로를 보듬고 여물은 꽃 몽우리
이국(異國)의 비바람 속에서도
서녘 하늘 노을처럼 활짝 필 무궁화를
시드니의 겨울 숲에서
이민자의 아픔 속에서
단아(端雅)한 모습으로 피어있는
무궁화를 나는 보았노라

아침이슬처럼 애끓는 삶
연홍빛 시간들이 시리고 아파도
사무친 그리움으로 피워낼
무궁화는 젊은 날의 추억인 양
아름아름 희망이 익는 그날까지
영원히 시들지 않으리……,

정(情)

담장 너머 빨간 동백꽃
눈웃음으로 햇살의 애간장 태우더니만
밤새 소소히 내리는 겨울비에
사모의 정 나눌 길 없어 뼛속이 아리었나
뚝, 뚝, 뚝, 각혈을 하고

산자락 초록물빛으로 출렁이더니
광활한 우주 건너갈 바람은 길을 재촉하고
떠나는 세월의 뒷모습에 목젖이 아리도록 애원하는
붉은 동백꽃 톡, 톡, 톡, 심지를 태운다
이방인 가슴처럼……,

반사(反射)

초겨울 햇살이 은빛 실루엣으로 일렁이는
파라마타 강물 위에서 흰 갈매기 한 마리
수직(垂直)으로 날아오르다 떨어지기를 반복한다
물 위로 떠가는 구름을 잡으려는 것일까?
물 위에 핀 하늘꽃을 꺾으려는 것일까?
피안(彼岸)을 저어가듯 동그라미를 그린다

자유를 비집고 요트 한 대가 지나간다
잔인한 인간세상이다, 하지만
자연과 인간이 한 무리이기에 아름다운 것일까?
물결이 햇살을 받아 여인의 속살처럼 반짝여도
물밑의 모래는
꿈결인지 물결인지 혼미하게 잠들었을 테고

그 시간, 달리는 승용차 안에선
서리 맞은 꽃대 하나 허공을 응시하며
시간을 삼킨다. 턱뼈를 움켜쥐고.....,

※ 치과를 다녀오는 차 속에서

눈빛

나그네 가슴에 겨울비 내리면
이루지 못한 꿈의 지층(地層)
눈물보다 투명하게
한 겹씩 한 겹씩 바람에 허물어진다

시린 뼈마디에선
때아닌 낙엽 떨어지는 소리만 묻어나고
젖은 옷자락 뜨거운 눈빛으로 말리는
저무는 이국(異國)의 길목
사랑과 미움의 징검다리 사이로
햇살을 등에 업은 바람이
오한으로 떨고 있는 나그네 가슴 속에
버석거리는 그림자로 서성인다

온몸으로 이겨온 세월 앞에서
그 무엇을 타협(妥協)하잔 말인가

시상(詩想)

내뿜는 사람에 따라 보약도 되고 독약도 되는
칼보다 강한 펜, 휘두르는 사람에 따라
염증을 도려 내기도 하고 생살을 도려내기도 하는
내 안에 침잠된 허상을 독살하면서
진정한 나로 만날 수 있는 너는
세상에서 가장 아름다운 독(毒)이다
그 달콤한 미혹(迷惑)에 중독된 나는
꿈속에서도 너를 기다린다
푸른 별빛으로 떨어질 그대 만나기 위해
꿈길에서도 서성인다. 텅 빈 가슴으로......,

시인의 밤

밤새 뜬눈으로 미이라처럼 몸을 떨지라도
시드니의 겨울 밤 구겨진 종이로 몸을 덮을지라도
詩
너를 향한 내 눈
절대로 감지 않으리
밤마다 한 장 두 장 뜯기어 불쏘시개로 타버릴지언정
너 때문에 나 죽는 일은 절대로 없을 것이다
열정의 뜨거움에 가슴구들장 불태울지라도
詩
너를 위해 쏟는 이 아픔을
정녕 모르는 것이더냐
난 너를 위해 소명(召命)을 다할 것이니라
하늘이 대지를 품는 그날까지
밤마다 온전한 생명인 너를
찾아 나설 시인이 있다는 것을.....,

회상(回想)

지금쯤 고향집엔 하얀 감꽃
소녀의 어금니처럼 솟아오를 터인데
온 집안 둘러싼 감나무마다
아버지의 메케한 내음 감돌고 있을 터인데

지금쯤 고향집 장독대 위에 떨어진
하얀꽃 아버지 잇몸에 넣어 드리고 싶었던
그 감꽃
이빨 같은 감꽃이 활짝 웃고 있을 터인데

지금쯤 내 고향집엔 감꽃처럼 웃으시던
아버지 영혼이 계실 터인데
쓸쓸하게 웃고 계실 터인데
지금쯤 내 고향집엔.

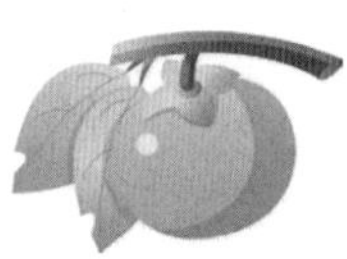

부부(夫婦)

햇살로 깨어날 숨소리 귓가에 들린다
크르륵~크르륵 푸~푸
뼛속에 기름 타는 소리
내 가슴에 아릿한 꽃비로 내린다

그 젊음 그 열정
은회색 그림자로 앉은 그대 얼굴에
시드니의 가을달빛이 겹쳐 흐른다
어느새 까칠해진 그대의 손가락 마디에
내 눈빛 이슬로 맺힌다

아~아 내 등불에 기름이 탄다
아~아 나 밝혀줄 영롱한 빛 흐려진다
크르륵~크르륵 푸~푸 곤히 잠든 그대
늙어가는 소리 귓가에 들린다

어제 청청했던 그 기개(氣槪)
밤이슬에 조금씩 조금씩 젖어간다
밤마다 뼛속에선 갈바람 다듬질소리
우리는 이렇게 밤마다 늙어간다
은빛 날개를 달고.....,

꿈결

사부작사부작 가을 빗소리 밤을 적시고
어느새 시인의 가슴속에 촛불이 일렁인다
밤새 나뭇잎 사이로 구르는 빗방울
물안개로 피어 오르는 아침을 꿈꾸며
나는 불면에 기쁨을 맛본다

오늘밤 그대 가슴 젖는다 하여도
오늘밤 내 가슴 하얀 밤이라 하여도
밤새 빗소리와 통정(通情)한 아침이슬처럼
눈부신 언어로 대지에 영롱한 숲 하나 만들어
밤새 빗소리로 만든 내 안에 고운 음률
당신에게 주고 싶을 뿐......,

호박죽

가을걷이 끝나면 큰 가마솥에 호박죽 끓이던
우리 할머니 이마엔 하얀 땀방울이 찔레꽃처럼 피고는 했었지
호박죽 끓는 솥 안에선 우리 송아지 울음소리도 들렸고
싸그락 싸그락 대나무 춤추는 소리도 들렸고
시장 갔다 돌아오는 우리 어머니 발걸음 소리도 들렸고
내 동생 콧노래소리도 들렸었지

해마다 이맘때면
우리 할머니 큰 가마솥에 끓여주던 호박죽 생각에
나는 오늘 호박죽을 끓인다
호박죽 끓는 소리에 아무리 귀 기울려도
우리 어머니 발걸음 소리도 할머니땀방울도
퇴색된 거울처럼 희뿌연 그림자로 어룽질 뿐
이국에서 끓이는 "호박죽" 내 가슴속 빈집처럼 허기진다

※ 어린 시절 고향집을 생각하며 호박죽을 끓인다.

좁은 길

세상이 왜 이리도 깜깜 절벽일까
누가 여기저기 구멍을 숭숭 뚫어놓았을까
인간이 아무리 약대보다는 작다 해도
그 속엔 들어갈 수 없을 텐데
어림 반 푼어치도 없지
죄 없는 자 어디 있기나 한가
하늘 한번 쳐다보고 땅 한번 쳐다보면
제 서있는 자리 어딘지 알 터인데

저마다 당당하다 바늘구멍 들어가고픈 낙타(駱駝).
그곳이 지옥인지 천국인지 분간도 못하고
일단 들어가기만을 원한다 세상 참 우습다
빛과 어둠도 분간 못 하는 사람
제 갈 길 제대로 갈 리 없다
그저 제 몫이 불씨인 양 부나비처럼 달려들 뿐이다
절벽에서 더듬거리는 사람에게 불빛 흔들어준들
잘못 들어간 길 찾아 나오기란 쉽지 않은 것을.....,

※ 2009/6, 한국의 정세를 보면서.

타임캡슐

세월이 건네 준 통증이 다시 돌아오는 길목에서
제자리 걸음으로 시간을 배회하는 나그네
갈증으로 목이 탄다. 통증의 산실
이국의 불빛에서 내 텅 빈 "타임캡슐" 속에
어떤 이야기를 그려 넣을까

에스컬레이터 같은 시간 때문에
온전히 익히지 못한 삶이었다고
아니지 잠시 나를 돌아보는 시간이었노라고
이방인의 삶은 물에 낀 이끼 같았노라고
거울 뒷면의 수은처럼 희뿌연 아픔이었노라고
내 텅 빈 "타임캡슐" 속에 그렇게라도 그려 넣을까

※ 타임캡슐(time capsule)은 채워지지 않은 내 삶의 표상, 문학이란 무엇인가?

문풍지

벙글거리던 시드니 햇살도
어둠의 입자로 뒤엉켜 밤바람이 차다
덜렁 몸뚱이 하나 휘감은 입성에
머리통은 왜 이리도 무거운지
생각은 또 왜 이리도 사악한지
온종일 내 행동 주시하는 행운목이 노려본다
세월 아까운 줄 모르고 주절거리는 인간에게
입만 가지고 살지 말라는 응시(凝視)같다
어제 TV에서 듣던 말이 번개처럼 스친다
"차라리 새대가리보다 못한 인간보다
영리한 새를 기르는 삶이 더 행복하다는"
내 할 노래 소쩍새가 다하니
이대로 벙어리로 살까
빈 머리로 종달새 될까
시드니에서의 삶
어느덧 강산이 세 번 변하지만
겨울밤 바람은 여전히 차고 낯설다
사랑이란 말
그리 퍼마시고도 녹녹하지 않은 것이
이향의 삶인가?
인간관계인가?

심안(心眼)

멀리서 보는 푸르름도 가까이에서 보면
온갖 군더더기 껴안은 초록색일 뿐인데
사람들은 눈앞에 보이는 것에만 치중한다
빈틈없는 삶의 바다엔 수천 갈래의 색깔이
흩어졌다 만나면서 하나의 생명을 만들어간다.
그 속에 또 하나의 생명을 껴안고
내 안에 촘촘한 무늬를 맞추고 있는
나의 실체는 어떤 색깔일까?
연두색. 회색. 흰색. 파란색. 노랑색

빙고처럼 돌아가는 시간 속에서
아무리 꿰맞추어도
색깔은 수천 갈래로 흩어진다
멀리서 보는 색깔처럼 간결하지 않다
정서가 메말라가는 세상처럼
눈앞에서 뒤엉키고 꼬여 하얗게 말라 바스러진다
이방인의 삶
그저 멀리서 보여지는 대로 보면 될 것을
왜 색깔에 치중하는지

곡선을 그리며

감빛 노을자락 바닷길 열고
환희를 꿈꾸는 거대한 몸체
검푸른 물살을 가른다
수많은 갈매기 깃털마다 희망을 풀어
끼룩끼룩 수평과 곡선을 그리면서 따라나선다
바다와 육지를 쏘아보던 조명(照明)들
시린 물살에 흐느적흐느적 몸을 떨며
물속으로 들어간다
인간의 욕망도 휘청휘청 물속으로 들어간다

맑은 물처럼

산골짝에서 샛강까지는
가볍게 흐르다가 머지않아
큰 강줄기를 만나고 바람을 만난다
그리고 인간세상을 거치는 동안
조금씩 조금씩 퇴색되어간다
그나마 흙탕물은
침전시키면 맑아질 수 있지만
이미 썩을 대로 썩은 물이
제 모습으로 돌아올 때까지
굽이굽이 먼 강 돌고 돌아야 하지 않던가
거친 세상
차라리 돌고 돌 수만 있다면
본래의 심성으로 희석시킬 수 있으련만
제 몸 하나 다스리지 못한 물이
어찌 맑기를 바랄까

당신은

태양이 솜털 구름 뒤에 숨어
오수(午睡)를 즐기는 행복을 아시는지요

서녘 하늘 검붉게 물들이는
심사(心思)를 아시는지요

어둠이 내리는 빈 황혼길 혼자 걷는
노을의 우수(憂愁)를 아시는지요

이국(異國)의 삶에서
쉼 없이 비상을 꿈꾸는
이 황혼의 아픔을 아시는지요
당신은……,

몽돌

바람은 밤마다 달빛을 업고
몽돌을 씻긴다

아무도 눈여겨 보아주지 않지만
햇살 고운 날엔 몽돌도 미소를 지으며
물살에 쓸려 먼바다로 가고 있는 줄도 안다

바람을 등에 업고 조금씩 조금씩
모서리 닳고 닳아 물빛으로 완성되어
그토록 꿈꾸는 먼바다에 닿는 그날까지
쉼 없이 흐르는 물결에 찰랑찰랑 노래할 뿐이다

몽돌은 개울이 제 젖줄인 줄 모른다
바다로 흐르는 맥박에서
닳고 닳아 만들어진 자신을 모른다
몽돌이니까

50-20+16=삶

삶은 황혼으로 물들어간다는 것이다
때로는 슬프게 흔들리면서 완성되는 것이다
풋사랑이 작은 비바람에도 흔들리는 것은
강풍을 만나보지 못하였기 때문이다

아름다운 인연만이 노래가 되는 것이 아닌 것처럼
어떤 인연은 상처가 아물어 무색의 노래가 되기도 한다
노을이 바다로 저물어갈 때 아름다운 색깔을 내는 것처럼
삶이 행복한 것은 서로의 이름을 부를 수 있기 때문이다
서로가 시린 무릎을 감싸 안을 수 있기 때문이다
혼자 행복한 사람은 없다
한 곳을 바라볼 수 있는 그대와 나
그리고 우리 안에서 행복한 것이다.

모자이크

꽃씨 하나 뿌려놓은 아스팔트 위에
아침안개 또 하나의 씨앗을 뿌린다
시간은 아직 이슬을 털어내지 못하고
그렁그렁 햇살 감돌기만을 기다리는데

새끼 품은 어미 닭 깃털에선
짐승으로 태어난 죄 온몸을 할퀴어지는 넋
서럽게 울며 덫 씌워진 사슬을 걷어낸다
때마침 안개 사이로 구슬 같은 햇살이 구르고

모자이크처럼 펼쳐진 아스팔트 위에선
한 알의 꽃씨가 실눈을 뜨고
작은 허물 벗으며 영원을 갈망한다
삶의 평행선(平行線)을 외치며……,

제3부 |

그림자는 비상을 꿈꾼다

비상(飛翔)

종달새 걸음으로 쳇바퀴 돌 듯
걸어온 세월
이향의 자갈밭 밟는 소리 귓전에 흘리며
어깨 위로 싸늘하게 불던 바람
허리춤에 매달고
태평양 건너온 우리 아버지의 시계
허기진 기류 속에서 빙그르르 돌다
낯선 언어 속에서 부엉이 울음소리로
잿빛날개를 달더니 언제부턴가
영육의 간결한 색채로 비상(飛翔)을 꿈꾸었지

주어진 숙명에 매몰된 바람의 절규
치밀어 오르는 분노에
실핏줄 곤두세웠던 시간까지
오늘은 희망의 무지개로 뜬다

보라, 고비마다 힘겨움, 행여
그대 눈엔 위태로워 보일지라도
천신만고(千辛萬苦)끝에 자신을 키워낸
"문학의 꽃대"
"서정의 만개"
삶과 철학의 은하계 넘나드는 심안으로
하나님 품에 안길 때까지
아름다운 세상에 문학의 꽃 활짝 피우리라

세상 뒤집어보니

푯대를 눈앞에 두고 또 다른 푯대를 세우는
근시안(近視眼)은 뒤집힌 세상을 보지 못한다

오래전에 한국엘 갔었다
잔디로 잘 다듬어진 공원에
"잔디를 밟지 마세요"
나는 금방 들어갔다 나오면 됩니다로 읽었다
잔디밭에 들어가 대자로 벌렁 누워보았다
"그래 바로 이거야"
세상 까뒤집어 보지는 못해도
글씨를 꺼꾸로 읽으니 좋을 때도 있구먼

고국에서도 나는 이방인이다
울컥 가슴속에 울대가 선다

나그네 커피잔에 아리아가 흐른다
아리아
아리아는 뒤집어 들어도 아리아일 뿐인데
그 음률에 편안함을 느끼는 것은
진리는 수평(水平)을 잃지 않기 때문일까?

사랑

오색 무지개빛 새 한 쌍
밤새도록 미리내 계곡에서
진한사랑을 노래하였나
눈빛이 그윽하다
서로의 깃털 고르기에
사랑이 가득하다
이슬 먹은 눈빛이 당당하다

탐욕(貪慾)가득한 가슴으론
곁눈질도 하지 말라고
"지지배배 지지배배"
인간을 탐색한다
어제도 오늘도 변함없이
내 집 앞 발코니에 앉아서……,

상처

화장대 위에 있던 스킨 병이 떨어져
방바닥에 초록빛 추상화를 그렸다
방안에 향기가 진동한다.
누군가의 물건을 훔치려다 뛰어나온
도둑처럼 온몸이 후끈거린다
옆엔 아무도 없었음에도
방바닥에 박힌 유리병의 잔해가 유일한
소통이며 흔적일 뿐인데…….

폭탄 맞은 현장 사진 한 장 찍어둘까
흐린 색깔 스며들지 않은 끈적함 뿐
알맹이 없는 바닥엔 유리잔해로 적막함이 감돈다

여리디 여린 소녀의 머리 위에서
비틀거리다 툭 떨어지던 물동이
바라보고 울었던 추억이
가시처럼 콱 목에 걸린다

할머니 생각

은쟁반 같은 보름달
송이송이 백합으로 내려앉아
우리 할머니 옛이야기 도란도란
내 가슴에 꽃피우기도 전에
어느덧 내 성성한 백발
교교한 달빛 속에 나룻배처럼
세월에 휘감겨 두둥실 흘러간다

행복

영롱한 아침 햇살에
입맞춤하는 꽃
밤이면
초록별 향기로 몸단장하는
시인의 삶

옛 이야기

그대 청보리 익는 소리
들은 적 있는가
사래 긴 산비탈 외로운 밭에서
배고파 우는 민초들의 노래
들어본 적 있는가
가슴속 저미는 노랫소리에
청보리 서둘러 익는 소리
들어본 적 있는가
그리도 섧게 우는
봄의 소리를……,

어머니 사랑

야들아, 밥은 먹었냐?
국제전화선 타고 흐르는 어머니의 첫마디

온몸으로 먹여주시고
수저를 쥐여주고도 모자라 먹이는 삶에
한 생을 바친 어머니 당신은
밥은 고사하고 죽 한 모금 못 넘기는
병중(病中)에서도
야들아, 밥은 먹고 다니냐?
한평생 먹는데 시간을 바친 어머니 당신께
고작 딸년이 하는 말

"엄마는 국제전화에 그리 할 말이 없소
요즘 밥 못 먹는 세상이요"

그러던 딸년도 세월을 먹고 보니
영락없이 밥통으로 변했다.

아이들이 전화만 걸면, 밥은 먹었냐?
그 딸년의 딸년도
"엄마는 요즘 밥 못 먹는 세상이요"

내 가슴속 숯덩이 되고서야
제대로 뜸이 들었는지
따끈한 밥통 같던 어머니 사랑이
시드니 가을바람에 보푸라기로 일어선다.

청초했던 그 향기

아직도 풀어내지 못한 여인의 향기
내 어머니 보릿고개 넘던 세월만큼이나
두둥실 구름에 묻어 먼 길 돌아오니
청초했던 그 향기
어느새 사르르 멀어지고 말았구나

꿈으로 부풀린 허욕은
삶의 산고(産苦)견디지 못하고
가슴속에 옹이로 앉아있으니
언제 그윽한 향기 낼 수 있었겠는가
생경한 언어(言語)속에서
언제 환한 미소 지을 수나 있었겠는가

이국(異國)의 삶, 끝자락 펼쳐놓고
뜨거운 가슴을 열어 본들
오래 전 묻어둔 그윽한 향기
청초했던 그 향기
솔솔 풀어내기나 하겠는가
그저 오늘 살아있음에 감사할 뿐이지

고통 (苦痛)

빛은 어둠을 이기지 못한다
마음 한쪽에 깊게 뿌리내린
벽(壁) 때문이리라
명암(明暗)의 교차를 뚫고
가냘픈 뿌리로 어둠의 경계
오르고 오르면
그때서야 빛이 보이려나

버릴 수 없는 生의 애환(哀歡)
놓칠 수 없기에
눅진 밤안개 구슬픈 바람소리
어둠의 경계를 허물고 있다
빛을 기다리며.....,

빨간 우체통

기다리던 소식은 어디로 가고
온종일 희미한 시간을 등에 지고 서있다
사랑으로 세상을 바라보는 아이의 눈빛처럼
시드니 햇살 머리에 이고 세월을 먹고 서있다
어제는 비가 왔고 밤새 바람이 불었음에도
빨간 양철 지붕, 하늘을 응시하며
아마도 몇 십 년 저렇게 서있을 것이다

한 시간이 지나는 것은
구름 한 점 지나듯 빠른 시간임에도
사람들은 늘 새로운 세계를 꿈꾼다
눈을 뜨고 또 잠을 자고
내일은 어딘가에서 소식 오기를 기다린다

빨간 우체통 세워놓고
발밑엔 샛노란 꽃송이 피워놓고
희망 가득한 소식을 기다린다
세상이 환해질 소식
가슴속 뜨거워질 그 시간 기다리는
"다발로드" 그 집 앞에선
온종일 햇살과 담소하는 우체통이 서있다
빛 좋은 초가을 지나고
단풍잎 힘없이 구르는 겨울에도 서있을 것이다
변함없이......,

지팡이

시드니 한인타운 스트라스필드 공원의자에
지팡이 하나 누구를 기다릴까?

어디선가 한국할머니 절름절름 걸어온다
휴~휴~ 지팡이와 재회(再會)한다.
힘겨운 시간들이 한 쪽 다리뼈를 갉아먹었을까?
어느 관절 부분이 어긋난 것일까?

할머니가 다시 돌아서서 걷는다
휴~휴~그림자도 출렁출렁 휘어진다
타국의 삶 부러질까 두려워
시간을 활시위처럼 다 잡아 오셨을 할머니
남은 생에 지팡이에 의지하셔서라도
용감하게 버티소서
비록 아슬아슬 한발씩 내디딜지라도
오래오래 건강하소서
훗날 내 거울 같은 조국의 어머니여!

시간의 결별

바람이 밤새 창문을 흔들더니
희뿌연 대지로 매몰되었나
아침이 부스스 눈을 뜬다
겨울햇살 품에서 만개를 꿈꾸던 동백꽃
내 가슴속 해묵은 일기장처럼 힘없이 떨어지고
시드니의 겨울이 등을 보인다

내가 비를 싫어하는 이유는
뼈 속을 적시기 때문이다
시간도 눅눅하기 때문이다
내 속에 선혈도 정체되어 방황하고
더욱이나 비바람이 몰고 온 욕심이
작은 우주를 해체하기 때문이다
알코올 중독자에게 목로주점의 폐점이
영혼을 질식시키게 하는 것처럼

석류

알알이 붉은 열정
절제된 애교(愛嬌)
또 다른 반란을 꿈꾼다

달콤한 밀어(蜜語)
가늘 수 없는 동공
검붉은 애욕(愛慾)
그대는

균열

입안에서 쳇바퀴를 굴리고
뱃속에서 되새김질할 동안 뼛속인들
어찌 고통이 없었겠는가
물욕(物慾) 벗지 못한 벌(罰)인 게지
가을맞이 하는 서러움인 게지
치통으로 하얀 밤을 보냈다

이빨(齒牙) 하나 힘없이 뽑혔다
동짓달 벌거숭이처럼 뼛속이 시리다
나뭇가지 움켜진 가랑잎이 비웃는다.
"하늘도 보고 땅도 보고 시간도 보라고"
세월이 하나 둘 욕심을 벗어 던진다
붉은 핏빛 사이로 바람이 헤집고 들랑거린다
제아무리 용트림으로 새싹 틔워준들 치과는 무섭다

나만의 출구 드러내는 균열(龜裂)은 치욕이다
빈 강정처럼 뼛속에 바람이 분다.
세월이 아파서인 게지.....,

※ 치과에 다녀와서

옆집 할아버지

지워야 할 세월을 가닥가닥 덧입히고
마디마디 시리도록 휘어진 황혼이 빗장을 열고 나온다
시간도 자취를 감추고 바람같이 뭉그러진다
한차례 막바지 언덕에서 머뭇거린다
그나마 붙어있는 창호지 같은 살빛에
삶이 피워놓은 꺼뭇꺼뭇 자리 꽃
흰 머리카락 더하여 저무는 고갯길이 가련하다
속절없이 늘어진 행로(行路) 끊을 수 없으니
저렇게 또 저렇게 가나보다
언제인가 하늘에 걸린 오색그네 탈 그날에
세상근심 다 내려놓겠지만
하루하루 땅을 짚고 버티어본들
희미하게 더듬는 추억일 뿐
알갱이 없는 빈 들판에 노니는
쓸쓸한 별이 되어 외로움에 몸을 떠는
"옆집 할아버지"
머지않아 내가 맞이할 저녁이 오버랩되는구나

※ 이웃의 88세 호주할아버지를 보면서

항구

새털구름 바닷물에 흔들흔들 상념을 씻는다
본연의 모습을 찾기 위함일까
하늘은 고요히 웃어주기만 하면 되는 것처럼
내면의 색깔 강바닥에 묻은 채
그림자로 둥둥 떠다닌다
어디가 하늘인지 어디가 바다인지
표면에 흐르는 화려함에 현혹된 인간은
시류에 따라 휘청휘청 시간 속으로 들어간다
화려한 도시에서 퇴색된 강물은
아릿한 마음 안고 바다로 흘러가는데

나그네 사색하던 그 공원벤치엔
어느덧 가을이 익어 수채화를 그려주고
시드니항구는 감빛 노을을 업고
먼바다로 꿈을 찾아 나선다
어둠이 오기 전에.....,

소중한 시간

햇살이 나를 깨우고
새들의 노랫소리, 소슬바람 춤추는
아침을 맞이할 수 있어서 행복하다

곤두선 머리카락 쓰다듬고
뒤뚱거리는 오리처럼 걷는다 해도
당신과 걸을 수 있어서 행복하다

서로를 투영하는 심안이 열려있고
건강한 미소로 내 삶의 성적표를 챙겨주는
그런 당신이 있어서 나는 행복한 사람이다

빛에서 너를 만난다

뒷마당 자카란다 나뭇가지 사이로
찰랑찰랑 넘나드는 석양의 반사에서
오늘도 진한 그리움을 만난다
때로는 허공과 긴 밀회를 즐기기도 한다

세상 모든 것이 빛을 통하여 형체를 알아가는 것처럼
어쩌면 이방인의 삶 또한 빛을 통하여 시작되고
빛을 통하여 마무리되는 것인지도 모른다

오늘은 아무런 메시지 전하지 못한다 해도
공간이 있는 곳이면 빛이 통과하는 것처럼
내일 나는 석양에서 다시 너를 만날 것이다

아픈 세상

별 하나 나뭇가지에 걸터앉아
시간의 끈을 푼다
생이 안겨준 가슴속 앙금들
불나방처럼 허공으로 날아올라도
달빛은 노래하지 않는다

세상은 시시각각 파도를 탄다
컴퓨터 속에선 활자들이 통증을 호소한다
얼굴에 짙은 음영(陰影) 드리우고
파도에 출렁이는 난파선처럼 토악질을 한다

선장은 풍랑을 잠재워보지만
파도는 고요해지길 원치 않은가 보다.
특효약 처방으로 쌓아놓은 방파제 위로
긴 꼬리별 하나 떨어진다
아낙의 치마폭엔 희미한 그림자 뿐

제4부 |

묵정밭에 꽃씨를 뿌리며

문턱

그녀의 목소리 초가을 밤바람처럼 살차다
강자는 약자에게서 미소를 빼앗는다고 했던가

생경(生梗)한 언어 속에서도
시간의 레일 벗어나지 않았던 인내마저
저울질하려는 양심(良心)을 겨냥해보지만
내 양심의 칼날은 여전히 무디다
근시안의 굳어버린 양심
언제쯤 물렁물렁 단물 고이려나

허수아비 머리에 관을 씌우고
비단옷 입혀놓은 인형전시장에
약자는 주사위를 던진다.
잠시 후 뱅그르르 되돌아오겠지만.....,

축복

매일 만나도 상쾌한 사람과는
바람부는 언덕을 걸어도
햇살 나부끼는 돌담길 거닐어도
공원벤치에 앉아만 있어도 행복하겠지요

매일 만나도 좋은 사람과는
서로의 눈만 바라보아도
잔잔한 음악이 흐르는 공간이라면
영혼이 허기지지 않아 온 세상이 아름답겠지요

그대와 내가 만날 수 있는 시간이 있다는 것은
삶이 우리에게 부여한 행복입니다
밤이면 하늘에 폭죽을 쏘아 올린 듯
별빛 가득하고 거리마다 출렁이는 불빛은
우리를 위한 자연이 주는 축복입니다

초록은 동색

(1)
과일가게 진열대 위에 벌레 먹은 사과
검붉은 색깔
겉모습만 반드르르 윤기가 흐른다
어리석은 인간들 쥐었다 놓았다
머릿속엔
아라비아숫자들 오락가락 초침이 흐려진다
진실은 가슴 뒤쪽에서 끝없이 서성이는데

(2)
오합지졸(烏合之卒)가면무도회는 끝나고
겹겹이 숨겨진 봉숭아씨방 터지듯
눈시울이 뜨거워지는 것은
아직은 동질감을 확인할 수 있는
뜨거운 피가 흐르기 때문이리라
그대와 나 뒤섞인 눈맞춤은
아직은 산속의 푸른 나무들만큼이나
긴 얘기가 남아있기 때문이리라
내가 말하고 싶지 않은 것은
그래도 초록은 동색이니까
걸어온 세월만큼 눈맞춤도 남았으니까

(3)
세월이 굽이굽이 돌아 다 내려갈 때까지
눈시울 뜨겁게 하는 것은
우리가 한 핏줄임을 확인하면서 살아가는
작은 설렘 같은
팔월의 시드니에 피어나는
하얀 목련꽃 같은
선하디 선한 웃음이 남아있기 때문이리라

(4)
어리석은 가슴이 시간을 잃은 것은
자신의 색깔을 버리고
목적인(目的人)이 되어 가기 때문이리라
너도나도 칼날을 세우고 사랑이라는 단어만
찾아 헤매는 날개 없는 천사가 되어버렸기 때문이리라
낮과 밤도 구별하지 못하고
매캐한 도시의 뒷골목에서
야행성(夜行性)환자가 되어
옆구리에 빈 주머니 하나씩 차고
무엇을 줍겠다고 허우적거리는지

삶

초록잔디 위에
보라색 자카란다 꽃잎의
마지막 몸부림도
인간의 눈엔
절묘한 색깔의 대비

비 갠 오후
햇살이 그려놓은 쌍무지개
녹색삶이 춤추는
아름다운 시드니

사랑

두근거리는 가슴 숲에서
피어나는 사랑
서로의 상처
어루만지는 햇살이 되어
계절과 계절 사이에서
때로는
깊은 시감으로 미감으로 촉각으로
때로는
단단하든 부드럽든 시고 달든
그 맛 그대로
서로를 보듬는 것이다
서로의 색깔에 물들여지면서

국제소포

그가 보내준 책갈피마다 고향내음이 난다
진실한 가슴을 가진 그를 글속에서 만난다
행간마다 상큼하다, 잘 익은 열매를 맛보듯
고향집 굴뚝에서 모락모락 피어 오르던 진한 그리움
태평양 건너와 나그네 묵정밭에 꽃씨를 뿌린다

그가 보내준 책갈피 넘길 때마다 팔랑팔랑
바람으로 일어나 내 혜안(慧眼) 새롭게 일깨운다
책 속의 시어(詩語) 내 영육(靈肉)에서 뛰논다
책 속의 언어(言語) 내 핏속 맑은 가람이 되어
마음 잔에 번지는 묵향이 그윽하다

꿈속에서

아침이슬이 몸을 털고 햇살이 눈부시다
내 무딘 영혼 앞에 붉은 장미다발을 들고 찾아갔다
영혼 깊숙한 곳에 다다르니 작은 나룻배 한 척이
누군가의 손짓에 강을 건너온다
내 이름 새겨진 나룻배가 선착장으로 들어온다
선착장엔 불빛이 일렁이고
잉어들이 푸드덕거리는 강물에 붉은 장미꽃잎을 뿌렸다
내 몸에선 끝없이 꽃이 피고 열매가 익고
나는 그 열매를 가슴에 가득 안고
강줄기를 따라 한참을 내려가다 다시 돌아섰다
늦잠꾸러기도 이런 아름다운 꿈을.....,

그림

시인은 꿈을 그린다
미래를 그린다
지구처럼 둥글게
한 장의 도화지 위에 인생을 그린다
삶을 깨끗이 스케치한다

그리움은 그리움의 색깔로
아픔은 아픔의 색깔로
신의 부호처럼 그 누구도
해독불가한 색깔로 그릴 것이다
내 안에 선명한 사계를 그릴 것이다
꽃보다 아름다운 사람의 향기로……,

그곳엔 지금쯤
-뉴스를 보면서

강원. 정선. 영월의 함백산 자락
시커먼 먼지가 날아다니던 그곳
바람부는 날이면 시커먼 골짜기에선
진한 비파소리 들리던 그곳
갱도마다 속울음이 뚫어놓은 개미굴 같던 그곳
도마에 놓고 납작하게 썰면
구멍이 숭숭 뚫린 연뿌리 같은 그곳
꾹꾹 눌러 아궁이에 넣으면
빨갛게 달아오른 십구공탄 같은 그곳
언제부턴가
하이원 국제트라이애슬론 대회 마라톤코스가 되었다는데
태백. 영월 시커먼 먼지 풀풀 날리던 그곳에
숲 속 공원이 생겼고
하이원 골프장과 호텔까지 만들어졌다는데
까맣게 일렁이던 물속도 명경처럼 맑아졌다는데
골짜기마다 배어있는 아픔까지 맑아졌을까?

이곳도 사람 사는 곳이구나!
그날 내가 중얼거리며 올려다본 하늘이
너무 아름다웠던 그곳을 그려본다
아득히 먼 그날을 기억하며 서녘 하늘을 본다
언제인가
그곳에 가 볼 수 있으려나 긴 숨을 고른다
천상의 크로스컨트리 코스
그 천상의 코스를 탐색해 볼 수 있으려나?

꿈의 나그네
- 12 사도(使徒)바위 찾아가는 길 위에서

검추리 나뭇잎 수런거리는 향기에 취한 바람이
건들건들 지나가고
햇빛 먹은 구름이 검붉게 봉선화꽃물로 번지는
여름 오후에 내가 길 위에 서 있는 이유
황금빛 화강암의 침묵이 반들거리는
그 바다로 가기 위함이다

쉿! 말 많은 자는 가까이 오지 말라
파리떼들이 입을 막는다
황홀경에 취한 나그네의 숨소리만이
12 사도(使徒)바위에 닿을 수 있을 것 같은
세상 한 귀퉁이 바닷가
억겁을 헤집는 또 다른 세상이다

위대한 역사 속 그 어디에서
술래로 숨었다가 우뚝 솟아올라 옷자락만 보여 주는지
시간의 비단길은 세상모퉁이를 돌고 돌아
길게 뻗어있다는 것을 모르는 어리석음
텅 빈 뼛속이 시리다
오! 이곳
천지의 경이로움에 취하여 벤치에 앉는다
바로 내 앞으로 검푸른 태평양이 찰랑찰랑 걸어온다

대한민국 시골마을에서 아장아장 자라온
그 자리에서부터
너무도 멀리 걸어온 나를 발견한다
우리는 이렇게 오고 가는 나그네
잠시 쉬어서 가는 이 세상의 풍경 한가운데서
자연에 흔들리는 나뭇잎에 길을 묻는다
내일의 희망을 묻는다

※ 12사도바위(Twelve Apostles) 호주 빅토리아주 (Port Campbell National Park)

꿈의 나그네. 2
– 평화 속에서 외로워 지는 것이 여행인가

초원에 노니는 소들의 등줄기 위로
청정한 바다가 출렁거리고
태평양 바람결 따라
수많은 새떼가 함성을 지르며
풀잎을 쓸고 지나간다
시간은 벌써 한나절을 넘어서고
때마침 나그네도 그곳을 지나간다
아무리 아름다운 새의 노래도
떼지어 부르면 노래가 아니다 공해다
새소리가 아름다운 건 혼자 노래하기 때문이다
나뭇잎이 함께 흔들어 주었기 때문이다

자연에서 흔들리는 것들로부터
계절이 오고 가기 때문일까?
길 위에선 작은 나뭇잎까지도
그 흔들림이 경이롭다
나그네이기 때문일까?
노을이 움직임 따라 빛을 발하는 것처럼
나의 심장이 박동하기 때문에 사랑도 노래하노라
중얼중얼 경전을 외는 내 앞에
어느덧 부챗살 모양의 해거름이 아장아장 들어온다
어두운 물살이 천천히 대지로 흐르고
나그네 가슴 속에 잔잔한 그리움 파고들고

※ 멜번을 여행에서

삶의 길에서
- 가위 손

귀밑머리 희끗희끗한 여인이
부스스한 몰골로 무죄증명을 받기 위해
미용실 문을 들어선다.
시드니 뙤약볕에 퇴색된 삶을
설렁설렁 씻어내고
이팔청춘의 꿈을 거울에 투영시키고
살포시 눈을 감는다

시간의 편린들이 사각사각 잘려나간다
머릿속 욕망들이 보풀보풀 떨어진다
어여쁜 여인의 빠른 손길이 꿈을 말아 올린다
화학약품 먹은 머리카락 뒤집히고 조이면서
내 청초한 꿈이 초고속으로 익어간다

몇 시간 후, 거울 속에 여인이
하얀 감꽃 같은 이빨을 드러낸다
"무죄를 증명받은 날"
생기 넘치는 웨이브 찰랑거리며
청초한 소녀가 걸어나간다
마술가위 손에 꿈 하나 이루고.....,

인내(忍耐)

겨울에도 꽃피우지 못하는 동백나무나
밤낮없이 촐랑거리며 흐르는 도랑물마저도
엉킨 덩굴 같은 심안(心眼) 반사시키는
서정적인 풍경(風景)이다

달빛 별빛 사이로 스치는 바람이 있었기에
처마끝에 풍경(風磬)이 노래하는 것처럼
굴곡 없는 사랑은 사랑이 아니다.

어촌

외로운 폐선 위로 무더운 바람이
뒤척뒤척 삶을 말아 올린다
갈매기 끼룩끼룩
나그네 안부를 물어오고

이글이글 뙤약볕 헤집고
질펀한 바다내음이
나그네 추억을 탈진시킨다

검푸른 수평선 위로
굴절되어가는 내 은빛그리움
시간 속으로 스며들고……,

안목(眼目)

아름다운 열매 맺는 이해
아픔의 매듭 엮는 오해

어떤 결함도
내면적 안목에 의존해서 바라보면
아름답게 희석(稀釋)시킬 수 있다

더러움을 닦아내는
걸레가 숭고한 것처럼
사랑의 눈으로 바라보면……,

배아(胚芽)

묵념처럼 새하얀 꿈
별빛 쏟아지는 능선에 그려 넣고
오늘일까
내일일까
장밋빛 그날 기다렸지만
육중한 꿈에 짓눌린 희망의 씨앗
아직도 배아(胚芽) 중이다.

나
어느덧
가을언덕 오르는데.....,

시인의 가슴

세상을 시심(詩心)으로 바라보자고
자신에게 당부하면서도
여물어질 속씨는 보지 않고
화려한 색깔만 보았다
"수박 겉핥기"
얕은 심안으론 달은 보지 못하고
달 가리키는 손가락만 본다더니

고뇌하는 인생
시간이 짧다고 투정하면서
세월의 옷 두텁게 입은 탓에
가끔은 세상이 시(詩)로 보인다.
아주 가끔은

오늘은 바람이 분다
설렘 뒤로 아름다운 꽃눈을 몰고서
시인의 가슴속에 바람이 분다
햇살 속으로 작은 알갱이 분자를 몰고
허공에 아름다운 메시지를 남기면서
시인의 가슴속에 잔잔한 바람이 분다
나를 씻어내는 바람인가

기다림
- 쇠뿔도 오그라지는 고국의 2월

가녀린 여인의 관자놀이
제멋대로 벌름거리는 불볕더위다
푸르디푸른 잎사귀들
서로의 정맥을 아우르며 헐떡거린다

세월을 거꾸로 짊어진 삶
익을 때도 되었건만
계절이 바뀔 때마다 정신이 헷갈린다
새해다 설날이다
숫자마다 붉은 동그라미 머리가 어지럽다

지난봄 하얀 감꽃 보지 못했는데
별빛이 품어주었나 바람이 속삭여주었나
연둣빛 알사탕 같은 감들이
소녀의 볼처럼 발그레하게 물들어간다

시드니 북쪽 골목어귀에
내 고향집앞마당 옮겨놓은
그 사람 누구일까?

※ 시드니의 여름 우리집 앞 가든에 누군가가 심어놓은 감나무에 감이 주렁주렁 열려있는 것을 보면서

젊음

구부정한 육신이 시간을 끌어안고
거울 앞에 앉는다
퇴색한 껍데기 이슬처럼 반짝인다
영혼을 희롱하듯,
지워진 젊음을 반추(反芻)시킨다

진즉 보듬지 못한 시간들이
삐죽하게 얼굴을 들이민다
미소가 야릇하다
귀 없는 젊음이 힐끔 올려다보지만
세월은 먼발치에서
또다시 육신을 희롱한다
측은지심(惻隱之心)이다

두드리고 두드려도 부석한 피부
윤기 없이 나풀거리는 속눈썹
거울 속에 황혼이 한숨을 내쉬며
바르고 닦기를 반복한다 시간을 움켜쥐면서
또다시 입술을 그린다
오늘은 어떤 색깔로 젊음 찾아볼까

제5부 | 꿈꾸는 가을꽃

채송화

나뭇잎 떨어지듯 새들의 그림자
땅 위에 주저앉는 해거름
민들레꽃씨 고요를 흔들고 날아간다
온종일 뙤약볕과 애매한 동거로
몸살 앓던 채송화
지는 해 바라보며 샛노란 실눈을 뜬다
애처롭다
저 연약한 몸으로 세월을 어찌 버티어왔을까?

훈훈한 바람이 가슴속에 바다를 껴안고
밀물이 되어 밀려간다. 인생살이
햇볕도 되었다가 바람도 되었다가
그렇게 밀려가고 밀려갈 동안
저 연약한 채송화
세월 따라 피고 지기를 반복하면서
나에게 생명의 존엄성을 일깨워준다
순간순간 앙금으로 소금창고 쌓던 가슴속
순수로 씻어준다
가냘픈 몸짓 향기 없는 꽃일지라도
해바라기를 부러워하지 않는
저 당당한 웃음이……,

동백꽃.2

햇살은 온종일 애무의 눈길 보내더니만
바람은 샛노란 속내 드러내라 치근덕거린다
미처 태워보지 못한 열정(熱情)
툭툭 털어내라 아우성치는 시간이 얄밉다

눈 덮인 겨울산 보지 못한 설움
시린 눈밭에 발 한번 묻어보지 못한
한(恨)으로 피워낸 꽃잎인데
어찌 그리움 휘어 감으라 아우성인가

이방인 가늠하지 못한 엉성한 시간
애써 푸른 기억으로 튕겨내는 아침이면
밤새 말갛게 씻긴 나뭇잎마다 햇살이
새하얀 꽃눈으로 매달려 불꽃을 태우는
시드니의 가을

여인이여
내 육신 어디에서 왔는지 되묻고 싶소

공(空)

산허리 끼고 돌아앉은 포구에
텅 빈 나룻배만 헛기침을 한다
밤바람에 파도만 밀려왔다 밀려갈 뿐
아침 햇살 부심에도
노구는 흔들리는 몸짓 가누지 못하고
힘없이 바람에 출렁거린다

불꽃처럼 태우려던 열정
온전히 태워보지 못한 응어리
가슴속에 옹이로 박힌 서러움
헛된 망상으로 허공에 질주할 뿐
가벼운 육신은 그저 맨발이다
헛배만 불린 진수성찬(珍羞盛饌)
그것이 인생이다

꿈꾸는 가을꽃

시간의 잔재(殘滓) 털어내느라 분주하다
어젯밤 내린 비로 말끔히 씻은 대지에
피고 지는 생명의 소리 껴안은 햇살이 따습다

한두 잎 낙엽만 힘없이 몸을 떨 뿐
야속하리만큼 고즈넉한 오후다

간밤의 기억 더듬는 시간은
그리움 조각 베어 물고 허공으로 날아오른다
가을꽃 배시시 어쭙잖은 눈으로
봄꿈에 젖어있는 풋과일 같은 시드니의 가을
언제 붉게 익어지려나

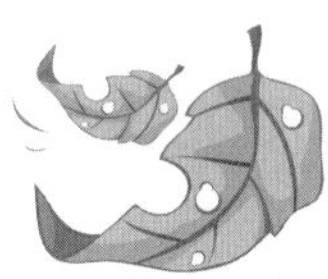

파종(播種)

작은 굴속으로 또르르 굴러다닌다
밀반죽처럼 달라붙었다 떨어지기를 반복한다
사각 벽에서 반사되어 파문을 일으킨다
제집 울타리는 꽁꽁 닫아걸고
이웃집 울타리 밖에서 서성거린다

제 텃밭에 봄갈이 할 생각 않고
이빨 빠진 쟁기로 남의 자갈밭 파헤치던
어쭙잖은 농부 혼자 중얼거리다

부드러운 혀에서 비롯된 씨앗은
세상 속을 헤엄치더니 이내 굳어진다
마지막 순간까지 의연한 자세로
누군가의 귓가에 앉기를 좋아하는
인간 속에 공기 메마른 그날까지
종족 번식에 박차를 가할
말, 말, 말

삶의 꼬리표

새벽은 변함없이 여명으로 깨어나지만
삶은 출구 없는 이방인의 창살이 되어 소리 없이 추락한다
세월 속에 그어진 마음의 빗금
물살이 지나간 후에야 시각(視覺)으로 보여지고
그때는 볼 수 없었던 내 안의 나를 발견하니
시간은 아픔만 남기고 흔적 없이 떠나버렸다

연과 연으로 아롱다롱 배어있는 정(情)
보이지 않는 공간에서 배아(胚芽)되어
또 하나의 그리움으로 태평양 위에 둥둥 떠다닌다
어제 만든 삶의 계단에 진한 고뇌(苦惱)일렁이며
희뿌연 먼지를 일으킨다
나그네봇짐 회색 베일에 가려지고
삶은 시간을 흡입하다 또다시 퉁겨지며
사각의 좁은 공간에서 다시 교차한다

타국에서 피우던 문우지정 긴 한숨에 포장되어
은빛 지느러미로 배회(徘徊)하다 서쪽으로 흘러간다
포장된 삶의 꼬리표 아직도 그대로 붙어있는데
우리는 여전히 다국적(多國籍)언어 앞에
정박(碇泊) 당하고
떠나는 자의 등 뒤에서 보랏빛그리움 하나 심는다
진정 행복의 출구를 찾는 그날까지……,

※ 이민에 실패하고 한국으로 떠나는 L작가님을 보면서

물

그대 살아있는가
봇물처럼 영상문자 생명 없는 허공에서
둥둥 떠다니다 흩어지면서 아픔을 호소한다
농익은 욕심 씻어야 할 맑은 가람에선
길 잃은 바다 갈매기 한 마리 주둥이를 담그고
빛바랜 날개를 편다
그 또한 살아 있음의 호소인가

그대 대지의 아픔을 아는가
무언으로 굼실굼실 고슴도치처럼 가시를 세워도
대지는 여전히 푸르름을 자처한다는 것을
청정수(淸淨水)에 몸 담그고서도
여전히 갈증을 호소하는 심안을 뉘라서 알까
생명의 무한도전을 뉘라서 알까
내가 무색인 것을 그대가 모르는 것처럼

나는 고독을 말하지 않는다
나는 바람을 그리워하지 않는다
그저 무소유로 생명이 되어줄 뿐이다
나는 사랑을 품었기에.....,

생은 인내인가

샛노란 열매 곱게 물들인
오렌지나무
시드니의 겨울폭우가 쓸고 간
언덕을 부여잡고 위태롭게 서있다
벗겨진 등걸에 걸터앉은 햇살이
경련을 일으킨다.
생명줄 부여잡은 중환자처럼
회생(回生)할 수 없는 희망이 처절하다
예후(豫後)속에 늘어진 생명
오렌지 눈빛이 명주실 가닥처럼 애처롭다
신산(辛酸)한 시간을 지나는
바람의 발꿈치에 채이면서
뼈마디마다 긴 울음 토한다
누추한 생의 정수리 움켜잡고
긴 한숨 토하는 오렌지 나무에게도
생은 인내인가, 처절하다

만용(蠻勇)

인간은 살아있는 동안
쾌락의 잠재 속에서 허우적거린다
두둥실 흘러가는 구름 뒤편에
비밀이 있는 것처럼
사람들은 입만 열려있을 뿐
가슴은 잠겨있다
육체는 질긴 삶의 영역 벗어나지 못하고
영혼은 허공의 고차원(高次元)세계에서
만용을 부린다

내 안에 갇힌 쾌락(快樂)을 잠재우고
끊어질 듯 감겨있는 만용(蠻勇)을 자르면
육신의 먹구름 걷어내듯
내 영혼 맑은 혜안(慧眼)으로 깨어
옥양목(玉洋木)같은 세상에서
너울너울 춤추리라

인간은 갇힌 공간 한 가닥 부여잡고
같은 시간에 "해와 달"을 만나기를 원한다
현현(玄玄)한 여정에서 쾌락의 포만감(飽滿感)에
자신을 잊어버리고 훨훨 날아오르고 싶은 그 속에
진정 묵시하는 가슴이 있다는 것을
참 사람을 키워내는 사랑이 있다는 것을
죄와 벌
패륜을 저지른 시간에 상처 안은 가슴은
폐허를 바라보는 아픔이라는 것을

삶의 취객

연극무대 막이 내려지는 그날에
희로애락 흔적으로 고무신 한 켤레 움켜쥐는 것을
온종일 비틀거리며 너도나도
시큰둥한 반응으로 응수하는 세상
번쩍이는 조명아래 바쁜 스텝들처럼
가끔씩은 누더기 옷소매로 어두움 휘저으며
삶의 취객이 되어 비틀비틀 걸어간다

떡두꺼비 같은 아들 낳아
세발자전거 태워 보고픈 소원 한번 풀지 못하고
인생의 장을 내리셨던 내 아버지도
무소유의 삶으로 막을 내렸고
고운 딸 자동차 안에서
콧노래 부르시던 내 어머니도
베옷 한 벌에 만족할 수밖에 없었던 삶

사람들은 물욕에 취하여 비틀거리며
속빈강정처럼 넘어질 듯, 넘어질 듯,
외발 자전거 위에서 곡예를 하는구나
오늘 주어진 시간은 분명
어제의 그 시간이 아닐 터인데도......,

오페라하우스

하얀 조개껍질 위용(偉容)을 갖추고
에메랄드 물빛 현수(懸 垂)된 자락 사이로
고운 바람결에 씻겨진 햇살이 눈부시다
시드니항구 페리(Ferry)
쏟아내는 은빛 물보라에
바다 갈매기 자맥질도 한가롭구나

불면으로 뒤엉킨 가슴
수평선 위에서 휘청거릴 뿐
햇살조명(照明) 아래서
사유(私有)와 욕망(慾望)도
잠시 세상과 외출중인가 보다

상흔(傷痕)의 삶 회생시키려
이방인 무거운 육신 내리며
짭조름한 추억한 장 마음에 문을 여니
오페라하우스의 장엄함이
나그네 눈을 굴절(屈折)시키는구나

내 그리움 하나
푸른 수평선 위에서 둥둥 떠다니고......,

시인의 노래

허공에 메아리로 남겨질 인생이여
우리네 색깔 제아무리 고운들
세상 길 짧디짧은 나그네 아니던가
두둥실 흘러가는 구름에
노래 한 곡 띄워 본들 어디에 머무를까

만삭의 언덕에서 허욕으로 점철(點綴)된
무지와 어리석음으로 우는소리
세상만사 새옹지마(塞翁之馬)아니던가
그대도 나도
구름 같은 나그네 아니던가

심안(心眼)의 깃털마다 풍기던 그 향기
어디 가고 회자정리(會者定離)의 그 진리
깊은 통찰은 그 어디로 가고
헛된 신기루에 마음을 빼앗겼는가
양철 같은 세상에 헛된 꿈 왜 심으려 하는가

어제 창연하게 수놓아진 오색 무지개도
허공 속에 피어나는 색깔일 뿐
아름답다 노래하는 시드니도
우리에겐 나그네인 것을……,

명시(名詩)

아름다움에 치중하지 않는
시드니 가을꽃 훗날에 꺾일지라도
찬바람에 휘청거릴지라도
마디마디 꼿꼿하게 힘줄을 새운다

갈꽃이 밤마다 시인의 붓끝에서
춤추는 것은, 영롱한 이슬이
아침을 토하기 때문이다

일필휘지(一筆揮之)로 명시 한 편
휘날릴 그날까지
밤마다 별을 익히는 영혼

들깻잎 지고 있네

여름내 밥상에서 허기진 그리움 달래주던
들깨 나무 깨알 같은 하얀 꽃 피우더니만
서리 내리지 않는 시드니 가을바람 차가웠나
꽃대궁 누렇게 궁상 떨며 힘없이 저문다

지난날 고향 산자락 언덕 밭에서
향기로운 몸짓으로 손짓하던 추억
누구의 손에 잡혀 시드니까지 왔을까
제 뿌리 어딘지, 향기나 제대로 낼까
이국의 둔덕에서 보내는 세월이 가련하다

세월 따라 계절이야 온다지만
네 본분(本分) 제대로 지킬까 걱정이구나
고국의 가을가을 산야 어디쯤에서 익는지 알기나 할까
대궁 속에 품은 씨앗 내년 봄에 파종 되면
또 다시 들깻잎으로 만나자꾸나

하얀 미소

육신의 핏줄처럼 눈부신 햇살
땅거미로 내려앉는 시간
명주실로 나풀거리는 긴 그림자
가을 하늘에 서성인다

혹여 길 잃은 갈바람인가?
혹여 꽃이지는 소리인가?

헛헛한 동공(瞳孔)사이로
부챗살 같은 아픔 하나
선 듯 나서지 못하고
민들레꽃씨로 허공에 흩날린다

만추(晩秋)의 입맞춤으로 피워낸
애틋한 그리움
오월의 하늘에 하얀 미소로 오신
어머니!
시드니 하늘에 하얀 이팝꽃으로 피어나신
어머니!

※ 2010년 5월 Mother s Day에

병솔꽃

태평양 모진 바람에 뿌리내려
꽃이라고 불리우기엔 사치라 생각했을까
숨고를 잎마저 뾰족하게 날이 섰다

삶의 광선 반사시키는 대지에
제 뿌리 지켜줄 수액 말릴지라도
미로 같은 인간사 씻고 싶었나
사막에서 살아낸 흔적 씻고 싶었나
붉디붉은 병솔꽃 미소가 고결(高潔)하다

※ 병솔꽃 원어로는 : 보틀부러쉬(Bottle Brush)
호주에서 자생하는 천인화(天人花)

비의 왈츠

물빛이 유리창에 솔 솔 음표를 그린다
한 옥타브 올렸다 내렸다 연주를 한다
오묘하다

여우비 지나간 자리
한줄기 빛, 하얀 건반을 만든다
바람은 나른한 오후의 끝에 서서
살랑살랑 몸을 흔든다
비의 왈츠다

추억인 듯 꿈결인 듯 가을풍경
흥겨워 끝없이 초원을 달리고
간간이 떨어지는 낙숫물소리 평화롭다
여름내 들떠있던 대지는 잠시 소강상태다
시드니에 가을비가 내린다

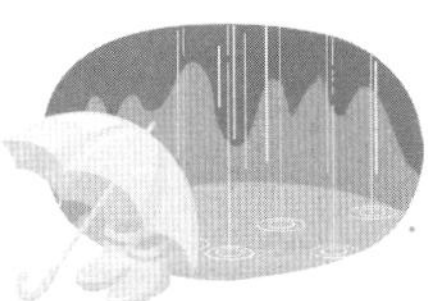

동백

밤마다 가슴앓이 그리도 아팠나
오월의 햇살에 여린 뺨이 붉디붉다
만개의 노랫소리 초원에 몸을 푼 채
곱게 여민 가슴 누가 헤집었나
핏빛 향기 까뭇까뭇 포자(胞子)를 남긴다

결실로 여문 오월의 초야(初夜)
여린 가슴속에 품은 진홍색 향기

빈 껍데기

달덩이 같았던 어머니 젊음
쪽박으로 나뭇가지에 매달아
만월은 자식에게 다 쏟아주었고
가슴속에 남은 건
세월이 부여한 공허 뿐
한평생 퍼내기만 하셨으니
빈 껍데기뿐이었으리

어버이날
카네이션 한 송이 효도라 여겼었다

과년한 딸년들
부모가슴에 그리도 방망이질하였음에도
원망은 고사하고
"너들 아직은 모른다. 세상 더 살아봐라"
그 딸년 황혼의 언덕에서 겨우 철들어
카네이션 볼 때마다
이리도 가슴이 멍할 줄이야
아! 왜 그때는 몰랐을까

횃불

단단한 탄소봉(炭素棒)에
횃불 하나 밝히려고
이끼로 앉은 가슴
명경처럼 닦고 닦아
서로의 눈높이에
초점을 맞추고
문학의 푯대 향하여
어두운세상 점자처럼 더듬는다
생이 빚어낸 거룩한 빛
속절없이 잘려나갈지라도
나는 절대로
시간의 사슬에 묶이지 않을 것이다
횃불 밝히는 그날까지……,

해거름

햇살이 산속 물그림자로 들어간다
사람 냄새가 그리운 시간이다
마른 나뭇가지가 파릇파릇 실눈을 뜬다
자목련인가?
나뭇잎도 가지에게 중심을 요구할까?
인간만이 중심이 있는 것이 아닌가 보다
내가 중심을 잃는 시간이다
그 이유는 나도 모른다

꽃들이 눈을 감는 해거름이면
그리운 얼굴들이 물빛처럼 떠오르고
하늘저쪽에서 눈물이 스르르 나에게로 온다
그 이유는 나도 모른다

바람이 빚은 몽돌

은빛 물결로 다듬은 조약돌
세월의 강가에서 잃어버렸던 꿈
아람아람 익어 서녘하늘에 걸려 있고

아무리 귀 기울려도 들리지 않는
소녀의 옛이야기
오늘은 왠지 바람에 실어올 것 같아
멍하니 응시하는 허공에서
어둠이 기어와 이슬로 맺더니만
어느새 생선비늘처럼 바스러진다

이국(異國)의 둔덕에서
산멀미. 물멀미. 땅멀미까지
다 겪어온 세월
삶의 생채기로 아파하는 영혼
잔잔한 초야에 묻고 싶어
밤새도록 바람은 달빛을 안고
몽돌을 빚는다. 찰거락, 찰거락

비몽사몽

기억의 저편으로 건너간 시간들이
몇 줄 글자로 남아있는 묘비 사이에서
사람들이 노래를 부른다
머리에 꽃을 꽂은 소녀가 초원에서 뛰어 온다
알아듣지 못하는 소리로 나를 부른다.

이국 땅에서의 크고 작은 기쁨과 설렘
회한의 날들이 아득히 꿈결같이 사라지고
타국의 하늘아래 한 여인의 평생이
몇 줄 묘비명으로 남아있다. 가슴이 저리다

시인이란 칭호만이 덩그러니 묘비를 지키고
향기 잃은 꽃 몇 송이
살아남은 자들의 애달픈 마음인가
꿈은 꿈일 뿐인데, 내가 지상에 남기고 싶은
단 하나의 풍경처럼 생생하다
줄지어선 묘비 사이로 딸아이가 뛰어온다
팔랑팔랑 꿈속 나비로.....,

담쟁이

도란도란 새싹들이 손을 뻗는다
뿌리와 혼연일체 믿어주지 않았다면
깡마른 몸짓에 담벼락 턱걸이로 떨고 있을 터인데
밤새 자분자분 정분 쌓던 겨울비가 아니었으면
저리도 신명나는 봄의 소리 들을 수 있으랴,

햇살을 당겨 내 무뎌진 손끝 지그시 눌러본다
겨울담장에 꿈틀거리던 그리움이
심장을 겨냥하는지 가슴이 따끔거리고 울컥한다

계절은 스스로 녹아 풀섶으로 떨어지고
떠나는 것들의 노랫소리에 시간만 분주하다
깊이를 잴 수 없는 침묵으로…….

자연과 나

새소리 풀벌레소리 한가로운
숲길을 걷는다
걸음마다 거미줄 같은 적요가 길을 막는다
나그네 귀만 열어놓고
까막눈으로 걸으란 말인가
매일 보는 풍경이 낯설다

발아래 밟히는 무수한 풀잎들
감촉이 관능적이다
미처 토하지 못한 이슬이 환하게 웃는다
마음에 등불 밝히는 숲 속 오솔길에서
나는 삶의 이야기를 듣는다

나무의 발아래 눕는 들풀에서 겸손을
발길에 차이는 돌멩이에서 인내를 배우며
자연과 사람이 눈을 맞추고 호흡하는
시드니 겨울 숲에서
오래오래 많은 것을 밟으며 걸어왔다
무상(無償)으로…….

이기순 시인의 시세계

– 모국어로 아로새긴 시드니 망향의 서정

문병란(시인 前 조선대학교 교수)

– 모국어로 아로새긴 시드니 망향의 서정

문병란(시인 前 조선대학교 교수)

1

이기순 시인의 시 묶음(제1부~제5부)을 읽고 난 느낌은 마치 황무지에 핀 들꽃 향기 같은 순수한 서정과 삶의 관조 미적 진지성에[1] 바탕을 둔 망향의 서정이 모국어로 아로새겨져 있어 뭉클한 감동이 물밀어 왔다. 시드니 이역 땅에 뿌리내린 그의 튼실한 삶의 노래에 온전히 흡인되고[2] 남는다.

시, 온갖 이론을 다 동원하여도 그것이 언어예술로서 사상이나 감정 의지 신념 등을 정서로써 노래하는 강력한 감정의 유로[3] 그것이 아니겠는가. 그것을 다시 요약하여 정의한다면「시는 본질적으로 아름답고 그 속성에서 진실하다」는[4] 명제를 얻어낼 수 있을 것이다. 본질과 속성, 아름다움과 진실, 그것이 반반으로 융합된다면 감동을 줄 것이요, 사무사(思無邪)의 경지나 정화(淨化)의 경지에[5] 이르게 될 것이다. 시대에 따라 사조에 따라 국적이나 인종 그 언어적 풍토적 차이에서 다양한 개성미나 방법론 등은 감동의 결과로써 시가 되거나 시 비슷하거나 불연이면 시 아닌 시, 실패한 말장난의 죽은 시 무감동의 언어의 퇴적물이 될 것이다.

---

1) 칸트는 모든 예술은 그 아름다움이 미적 진지성(Aesthetic seriousness)을 바탕에 두어야 한다고 주장했다.
2) 문학은 심리학적 기원설에 의하면 모방본능 유희본능 吸引본능 등 내면으로 끌어들이려는 본능(attraction)에 의하여 창작된다는 주장이다.
3) 영국의 낭만파 시인 워즈워드의 주장(Lyrical Ballad)
4) 미국의 비평가 르네웰렉의 문학론

따라서 필자는 우열을 가리거나 호불호 평가내리기보다 우호적인 애독자로서 감상비평의 입장에서[6] 감동을 음미하고 시인과 독자 감상자 상호 연결고리를 통하여 아름다움과 진실을 만나고자 한다. 이 만남을 통하여 이국땅 호주의 시드니와 한국 땅, 그의 고향인 경상도가 시 속에서 공존하고 정서로써 소통되는 공감대 형성의 그 신비 국적을 초월한 곳에서 전달되는 감동의 드라마 인생과 삶과 고뇌로 아로새긴 아름다운 하모니를 찾아보고자 한다. 그리하여 소중한 만남이 남태평양 이국적 정취 속에서 가슴 시리게 젖어드는 휴머니즘의 악수이길 염원한다.[7]

2

뒤돌아서면 뒤섞이는 좁쌀 같은
내 기억 주머니
동여맨 앞섶은 풀리진 않았나 보다
아직은
부모자식이란 이름표를 달고
삶의 저울추에 달려있으니.

쌍무지개가 선명한 아침
습관처럼 냉장고 문을 여는 순간,
물속에 몸 불린 콩들이
애도의 눈짓으로 훌훌 껍질을 벗는다.

---

5) 孔子는 논어에서 시를 정의하길 詩經의 詩 300편을 읽으면 思無邪(사악함이 없는 생각)의 경지에 든다 했고 Aristotelles는 그의 저서 詩學(poetica)에서 시(비극)는 공포(horror)와 연민(pity)을 통하여 淨化 카타르시스(Catharsis)의 경지에 든다고 하였다.

6)鑑賞批評(appreciative criticism)은 예술의 감상을 중시하는 주관적 비평으로 작품의 가치나 매력 좋은 점을 인정하고 吟味하는 비평, 작품 우열 판단을 중시하는 재단비평과 상반되는 비평이다. 페이터. 와일드 등이 이에 대한 비평가이다.

7) 문학은 인간탐구에 바탕을 둔 휴머니즘이 그 본령이 아닌가 여긴다. 사람이 중시된 사람 사랑 인류애에 바탕을 두어야 할 것이다.

저승길 떠나실 내 어머니
콩죽 먹고 싶어 물에 담가놓았던
그때 그 콩처럼
외롭고 차가움에 몸을 떤다
엄마와 딸로 아팠던 시간들이
이국에 햇살에 출렁이는데,
환상(喚想)의 거울 속에서
시드니의 가을 꽃대
흐늘흐늘 걸어 나온다.

–환상(喚想) 전문[8]

2009년 모던포엠 문학상 본상 수상작으로 소개된 이 작품은 근작으로서 작자의 근황을 살필 수 있고 그의 고향 과거의 시공 한국의 경상도와 현재의 시공간 호주 시드니가 '콩' 이라는 작은 사물을 매개로 하여 어머니와 작자 이국과 모국을 삶의 공간으로 묶어 어떤 의미에서 쉽지 않은 파란만장의 그 삶이 총체적으로 함축되어 있다. 가위 이 시집의 대표작이나 서시로서 첫머리에 놓일만하다.

콩알이라는 미시적인 작은 사물이 몇만 시간이나 몇만 리를 압축하고 있음은 그 내용적 감동면이나 시미학에서도 압권임을 감동으로써 입증하고 남는다. 시의 감동이란 저절로 일어나는 감흥이지 강요하거나 대중적 영압의 푸념으로 구걸할 수 없는 것이다. '저절로' 이 말이야말로 창작의 입장이나 감상자의 입장에서 공히 시다운 시만이 해낼 수 있는 공감대로써 순수 서정의 구경에서 만나는 마음과 마음의 스파크인 것이다.

만리타국에서 문안마저 제대로 드리지 못한 어머니 '엄마와 딸로 아팠던 그 시간들' 이 '저승길 떠나실 어머니' 의 영상을 떠올리면서 천붕지통의 설움과 통곡 그 애곡의 감회가 영롱한 이미지로 조율되어 있다. '애도' 의 심정을 지성으로 감싸 그것을 '환상(喚想)의 거울'

'시드니의 가을 꽃대' 와 병치시키고 있다. 이것이 바로 아름다움이 슬픔을 통해 미적 진지성과 융합되고 있는 것이다. 이 한 편으로도 이 시집을 다 감싸 안고 남으며 남태평양 이국의 출렁이는 햇살 속에서 어머니와 딸은 시공을 초월하여 영교[9] 가능할 것이다.

그러나 이 감동은 이 작품에서 그치지 않는다. 〈푸른 대지에 휘날리는 씨방〉〈당신이 오시는 소리〉〈그대 아는가, 무궁화를〉 이어지는 작품 어디서나 그 감동은 쉽게 만날 수 있다.

발 없는 세상
바람 가는 곳이면 어딘들 못 가리
옥토나 자갈밭, 가시넝쿨 속에서도
연록색 생명 태동시키는 씨방
먼 대지 위로 꿈을 찾아 날아와 낯선 기류 속에서도
변함없는 온기로 삶을 가꾸어가는
그대와 나
같은 뿌리에서 익어진 씨방이 아니던가요

-푸른 대지에 휘날리는 씨방 1연

이민, 1세대 2세대, 말만큼 쉬운 일은 아니다 언어장벽, 이웃장벽, 학연, 지연 모두 장벽으로 둘러싸인 그 황무지 같은 삶의 공간에서 오직 그대와 나라는 2인조 개척자는 그 뿌리내리기에 얼마나 많은 고초가 필요했을까, 8행의 싯구에 압축시키기엔 너무도 벅찬 천언만사의 산문적 내용이 '씨방' 에 응축되어 있다.

유일한 배경이자 삶의 동반자 '그대' 와 함께 '꿈을 찾아 날아온' 씨앗 옥토보다는 오히려 자갈밭이나 가시덩굴 속에서 '연록색 생명을

8) 幻想은 환경과 같이 없는 것을 있는 것처럼 상상하는 것 허상을 보는 것이고 喚想은 지나간 생각을 다시 불러일으킨다는 뜻(recollection))이다.

9) 靈交란 멀리 떨어진 사람이나 죽은 사람을 招魂하여 정신적으로 교제함을 일컫는다. 시에는 enthusiasm이라고 열광, 열중 어떤 신들림 같은 것이 작용하여 시공을 초월한 신비주의적 신화적 표현이 가능하다. 우리나라에서는 신명난다고 한다.

태동시키는 씨방' 그것이고자 '변함없는 온기'로 삶을 가꾸었음을 고백하고 있다. 그러나 남의 땅에 뿌린 씨가 튼실히 자라기 위해서는 어떤 노력이 필요했을까. 2연에서 그들의 각오와 성공의 비결을 엿들어 보자.

먹구름 낀 날이나 햇살 고운 날에도
한 가락에 춤추며 살아가는 우리
이국의 삶에서 가슴 조이던 불면의 밤이면
언어의 단절로 익어진 씨방은
바다 건너 고국 하늘로 희뿌옇게 날려 보내며
살아온 세월이 아니던가요
조국의 언어 일깨우려는 소망 가슴에 품었기에
오늘 이토록 고운 열매 아름아름 가슴에 담을 수 있었지요
-푸른 대지에 휘날리는 씨방 2연

시드니 땅에 뿌린 꽃씨, 그것은 바로 모국어로 아로새긴 서정시였다. 이국어에 매몰되지 않고 비록 남의 땅을 빌렸지만 거기에서 거둔 소담스런 열매는 모국어로 쓴 시였다. 고난을 이기고 절벽을 무느고 남의 땅이었으나 망향의 서정 한국을 심었던 것이다. 이국의 바람에도 시들지 않고 튼실한 씨방 속에서 모국어는 꽃처럼 소담스런 열매를 맺은 것이다[10]

그대들은 어디에서 왔는가
누구를 위하여 둥지 틀었는가
목 줄기 타고 흐르는 땀
세월에 타협해 보지만
아린 기억을 너덜너덜 바람에 흔들거린다

생경한 삶 속에 무궁화 활짝 피우려고
이방인 총총히 걸어온 시간

밤새 빗자루로 쓸어놓은 대지에
햇살이 부스스 눈을 뜬다
색깔 다른 눈동자 깨어나지 않았는데
홀로 뜬 섬에선 청색 깃발이 펄럭인다
-그대 아는가, 무궁화를 2.3연

그가 심은 꽃이 무엇인가 확실히 밝히고 있다. 이 무궁화의 대유법은 한국이자 이민 일세대 자신(그대와 나)이다. 앞으로 낳을(커나갈) 자녀들은 훨씬 그 땅에 동화되고 언어장벽도 허물고 그 땅을 조국으로 살아갈지도 모른다. 그러나 일세대인 부모들은 아직 무궁화이길 염원한다.

더부살이 간 남의 땅에 가서도 모국어와 무궁화를 못 버린 이중적 고뇌에 찬 삶 퇴색되지 않은 '한국적'인 그의 시에 대해서 연민과 함께 오만한 인종차별의 그 나라[11] 과거 내력이야 어떻든 그들 나름의 낙원 복지국가 배척받지 않고 사)호주한국문학인협회를 만들어 제3의 외교관으로서 어떤 역할을 맡은 그 시적 성과에 대해서 예술 그 이상의 어떤 의미를 찾아본다. 호주어(영어)와 한국어의 만남이 그리 낯설지 않지만 삶의 기반 경제적 확충 이외에도 문화의 교류 나아가 경제적 교류까지도 연결되는 그야말로 부가가치 높은 시로써 남태평양을 넘나드는 위대한 문화의 전령사 사명감 있는 해외동포 지도자이길 염원해 본다.[12]

---

10) 이민(교민. 해외동포)의 경우 우리말을 버리지 않고 사용하는 것만도 고맙고 힘든 일인데, 교민신문 한글학교 시창작 소설창작 방송국 설치 등 그러한 노력과 활동은 매우 고무적인 일이며 정부에서 관심을 갖고 적극적 후원이 필요할 것이다.

11) 호주(오스트레일리아)는 백호주의라 하여 아시아 동남아시아 황인종이 들어오는 것을 적극 거부하여 이민자가 이주하기 어려웠다. 허나 그들도 원주민을 박멸하고 해적국가에 의해 침략한 것이라면 아시안의 이주는 문을 넓게 열어야 할 것이다.

12) 중국 길림성의 연변, 러시아의 연해주(아무르강 유역), LA의 한인 타운 등 한국인 이민의 역사는 지난 100년 동안 전 세계를 무대로 형성되었다. 일본의 교민 문제도 매우 중요한 역사적 산물이다. 그런 곳은 한국문화권으로 보아야 할 것이다.

내 사랑
비닐봉지 속에 단감 몇 개
정겨운 눈빛 담아 나 앞에 내밀었다.
문득
홍시 땡감으로 홍시 만들어주던
내 할머니 얼굴이 추억으로 겹쳐져
부엌 안쪽 바가지 속에 넣어 두었다.

며칠 후
말랑말랑 홍시의 속삭임 들려오더니

어느새 발그레 물든 홍시얼굴이
황혼으로 물들어가는
내 마음의 잠금쇠를 풀어놓는다.

오늘은
붉게 물든 홍시 한 잎 물고
살포시 웃는 나에게
내 사랑하는 사람 육십 촉 눈길은
나를 곱디 고운 연홍색 봄꽃으로 피게한다

홍시 한 입 물고.....,

노계 박인로의「조홍감(早紅감)을[13] 떠올리게 하는 시, 〈홍시〉 서구적 모던한 과일은 아니다, 더구나 부르조아 냄새가 나는 고급과일도 아니다, 향토적 정서요, 할아버지 할머니 호랑이 담배피우던 시절 맹수의 왕을 자처 무서운 것이 없던 그가 곶감 앞에 적수를 만난 민담은 그래도 호랑이의 판정패가 아니었을까. 육신은 시드니에 있어도 그의 정서가 한국을 행하고 있음을 암시하는 이 〈홍시〉가 유독 감동적이다.

'내 사랑하는 사람 육십촉 눈길' 은 '연홍색 봄꽃' 진달래 빛 시각, 거기에 후각 미각까지 아우르는 공감각적 표현, 서구 취향의 그 나라에 가서 과일 하나에까지 향수가 절절하다.

그러나 향수까지 애국심의 척도일 순 없다. 차츰 시드니에 물들어 가는 그의 정서는 센치멘탈마저 향긋하다[14]

열사의 시간 서녘 하늘 불태우던
고향집 처마 끝에 매달린 추억들
찰랑찰랑 항구처럼 그리워진다

시드니의 삼월 달
해산하는 밤이면
내 가슴 속에 걸어둔 빛바랜 사진첩
뒷마당 자카란다 나뭇가지에서
우수수 초록 편린처럼 떨어진다

그때 그 소녀 고향 봄 들녘에서
아지랑이 좇던 그때 그 소녀는
어디로 가고
머리에 잔설 앉은 황혼의 나그네
추억의 고샅길에서 서성이는가
민들레꽃씨처럼.....,

-시드니의 3월밤 전문

위도와 경도가 다른 그 땅에서도 정서는 완전히 절충되어 시드니와 한국이 오버랩되어 있다. 반백의 흰 머리 머리에 이고……. 그는 영원한 나그네…. 자신을 민들레꽃씨에 비유하고 있음이 콧날을 시큰하게 한다.

---

13) 박인로의 조홍시는 잘 익은 홍시를 보고 돌아가신 어머니를 그리는 시조인데, 〈품어가 반길 이 없으니 그를 슬퍼하노라〉 탄식했다. 친구 집에 가서 홍시를 대접받고 먹지 않고 바라만 봄에 연유를 물으니 돌아가신 어머니 생각이 난다고 이 시조를 읊었다.

14) 일제치하 강제로 축출된 우리 동포들이 해외유랑, 이민을 했을 때 그 향수를 노래한 〈타향살이〉라는 애상적 가요가 유행했다. 홍난파의 가곡〈봉선화〉동요〈고향의 봄〉은 회향의 정서가 담겨 애창되었다. Sentimentalism은 대중적 정서에 많이 나타난다.

3

A) 햇살이 먹구름 안고
빨간 기와지붕 처마에 한 발을 걸쳐놓고
바람 따라 찰랑찰랑 음표를 그린다
하늘도 높았다 낮았다 긴 한숨을 토한다
–세월 앞에서 1연

B) 어설픈 꽃대 시드니 겨울 햇살에 툭 꺾어진다
황홀했던 세월 포만감에 검붉은 비명을 지르고
미궁에 빠진 허기진 영혼
몽유병환자처럼 뒷골목을 떠돈다
– 쭉정이와 알곡 1연

C) 아침이슬처럼 애끓는 삶
연분홍 시간들이 시리고 아파도
사무친 그리움으로 피워 낼
무궁화는 젊은 날의 추억인 양
아람아람 희망이 익는 그날까지
영원히 시들지 않으리.....
– 무궁화 2연

시드니의 겨울나기, 조금은 절기가 다른 타국 땅에서 거처를 옮긴 그에게 어쩌면 이렇게 의존성 식물처럼 고향을 향해 수구초심인지…. 그가 쓴 한글시가 시드니 상점에선 무용한 것 아닌가, 시드니의 기후 시드니의 식물 시드니의 빵을 먹으면서 그의 마음 온통 한국의 시골길을 더듬으니.

햇살로 깨어날 숨소리 귓가에 들린다
크르륵 크르륵 푸푸
뼛속에 기름 타는 소리
내 가슴에 아릿한 꽃비로 내린다

그 젊음 그 열정
은회색 그림자로 앉은 그대 얼굴에
시드니의 가을 달빛이 겹쳐 흐른다
어느새 까칠해진 그대의 손가락 마디에
내 눈빛 이슬로 맺힌다

–부부 1,2 연

이민 1세대, 혹은 2세대 동반자, 국경을 넘어 대양을 넘어 글로벌 시대, 한반도 탈출의 그 용기 순명을 어김인가 야망이 컸음인가. 그러나 편안한 잠 못 자는 코고는 소리, 까칠해진 손가락마디 바라보다 눈물 맺히는 연민……. 여기는 타국인가 보금자리인가. 제1부에 이어 제2부는「향수의 그림자 줍기[15] 시드니의 겨울나기 속에서 고국을 그리는 몽유병자의 그것처럼 한반도 탈출의 그 용기마저 사그라지는 회향병(home sick)을 앓으면서 자카란다 피는 철새의 고향에서 엉뚱하게 동백꽃이나 무궁화 시들어가는 동반자의 코고는 소리에 연민 7할 3할의 눈물 북으로 향한 흥부 마을의 제비 그 마음처럼 쓸쓸하기만 하다. 그러나 제 3부에 와서는 「비상」을 꿈꾼다. 이민 1세대 아버지의 그 꿈을 다시 일으켜 2세대에서 3세대 아이들에게 무엇을 전해줄 것인가. 우리말 우리시 우리문화 한국문화의 전령사인 그는 핏줄을 붙잡고 다시 안간힘 치기 시작한다.

종달새 걸음으로 쳇바퀴 돌 듯
걸어온 세월
이향의 자갈밭 밟은 소리 귓전에 흘리며
어깨 위로 싸늘하게 불던 바람
허리춤에 매달고

15) 해외동포의 경우 한국어 보급을 위시하여 한국의 노래 한국의 문학의 보급 대학에 한국어나 한국문학과가 설치되도록 국내외 외교정책이나 경제교류 문화교류를 통해 활성화하는 것은 매우 중요한 일이다.

태평양 건너온 우리 아버지의 시계
허기진 기류 속에서 빙그르르 돈다
낯선 언어 속에서 부엉이 울음소리로
잿빛 날개를 달더니 언제부턴가
영육의 간결한 색채로 비상을 꿈꾸었지
–비상 1연

이민사를 다시 펼치며 다시금 모국어를 붙잡고 시드니 땅에서도 다시 무궁화이고자 그의 야망의 세월은 시 속에서 '비상'을 꿈꾼다.

푯대를 눈앞에 두고 또 다른 푯대를 세우는
근시안은 뒤집힌 세상을 보지 못한다.

오래전에 한국엘 갔었다
잔디로 잘 다듬어진 고원에
"잔디를 밟지 마세요"
나는 금방 들어갔다 나오면 됩니다로 읽었다
잔디밭에 들어가 대자로 벌렁 누워보았다
"그래 바로 이거야"
세상 까뒤집어 보지는 못해도
글씨를 거꾸로 읽으니 좋을 때도 있구먼

고국에서도 나는 이방인이다
울컥 가슴 속에 울대가 선다

나그네 커피 잔에 아리아가 흐른다
아리아,
아리아는 뒤집어 읽어도 아리아일 뿐인데
그 음률에 편안함을 느끼는 것은
진리는 수평을 잃지 않기 때문일까?
–세상 뒤집어 보니 전문

거꾸로 읽기, 그의 파격, 경범죄를 스스로 합리화시키는 패기가 참신한 시가 되었다. 타국살이, 고국의 품을 그리면서 그 모국어 지킴이로서 세운 공이 얼만데 그런 정도의 낭만을 나무랄 것인가. 이 눈치 저 눈치 이민국 관리들 눈치 보며 억눌려 산 세월 생각하면 억울하기도 할 것이다. 사정 얘기하면 반겨줄 사람 있을 터 울대가 서서야 될까.

이 활달한 시상의 전개 속에서 아직도 고국에 대한 응석이 마음에 든다. 비싼 돈 주고 목소리 듣는 국제전화에서 "밥먹었냐?" 묻는 어머니의 전화, 경제대국 20위 안에 들고도 밥타령 안 어울린 것 같지만 이것이 인사법이 됐다고서 '좋은 아침(good morring)' 을 상위문화 비교우위법 문화사대주의적 해석은 질색이다. 〈어머니 사랑〉의 어머니에 대한 추억은 자랑이지 부끄럽지 않다는 건강한 한국의 강심장 그 파이팅이 더욱더 맘에 든다. 시드니에 가서도 보릿고개를 넘던 추억 속에서 청초했던 그 향기를 되새겨보는 여유는 이민사의 새로운 풍속도가 아닐까 한다.[16]

햇살이 나를 깨우고
새들의 노랫소리 소슬바람 춤추는
아침을 맞이할 수 있어서 행복하다

곤두선 머리카락 쓰다듬고
뒤뚱거리는 오리처럼 걷는다 해도
당신과 걸을 수 있어서 행복하다

서로를 투영하는 심안이 열려있고
건강한 미소로 내 삶의 성적표를 챙겨주는
그런 당신이 있어서 나는 행복한 사람이다
-소중한 시간 전문

16) 의식주 해결을 위해 이민 갔던 사람들이 다시 잘 사는 한국(모국)으로 귀국하는 사례도 있다. 그러나 뿌리 내린 삶을 옮기는 일은 그리 쉽지가 않다. 귀국은 또 하나의 뿌리 뽑힌 삶, 실패 속에, 실패 속에 해당할 것이다.

이민의 세월을 동반자의 동지애로 버텨준 당신께 바치는 헌가, 문체가 활달하고 '무기교의 기교 그 천의무봉의 경지' 에서[17] 달관과 초극과 관조를 거친 투명한 심상이 훤히 비친다.

뒷마당 자카란다 나뭇가지 사이로
찰랑찰랑 넘나드는 석양의 반사에서
나는 오늘도 진한 그리움을 만난다
때로는 허공과 긴 밀회를 즐기기도 한다

세상 모든 것이 빛을 통하여 형체를 알아가는 것처럼
어쩌면 이방인의 삶 또한 빛을 통하여 시작되고
빛을 통하여 마무리되는 것인지도 모른다.
-빛에서 너를 만난다. 1. 2연

앞의 시처럼 시적 연치를 느끼게 하는 달관과 초탈이 시원하고 늙어가면서도 궁색을 벗어버린 삶의 자세가 세련되고 멋있다. 글로벌 시대, 좁은 땅에서 비집고 살기보다 '빛' 을 찾아 전 세계가 무대가 된다면 한국어의 위상도 높아갈 것이다.

훈민정음이 언문이 되기도 했지만 국문에서 국어 이제는 과학적인 소리글자 한글과 함께 동방고문화국의 등불도 활짝 켜질 날이 있을 것이다.[18] 눈물 짜는 체루의 감상문학에서 국제선을 타는 세계적 문학으로 성장하는 데 앞장서도 무방하지 않을 것인가. 후반부로 올수록 그의 시적 스케일이 커지고 시드니 교외에서 보는 남태평양의 수평선이나 호주의 초원지대 그 양떼의 장관이나 블루마운틴의 장관처럼 압도하는 시정이 무르익고 있다.

---

17) 기교(Technic)란 목적이 아니라 수단이다. 정말 뛰어난 시는 꾸미지 않은 시로서 천사의 옷은 바늘 자국이 없다 한다. 아무리 잘 꾸며도 진실보다 아름다운 것은 없다. Beauty는 곧 truth이다.

18) 인도 시성 타고르(기탄잘리의 시인 노벨상 수상자) 1920년 동경에 와서 한국을 격려하는 〈동방의 등촉〉이란 시 속에서 〈너 활짝 등불이 켜지는 날에/ 세계의 평화가 오리라〉예언했다. 한반도의 평화통일은 세계 평화의 시금석이다.

4

제4부 「묵정밭에 꽃씨를 뿌리며」 남의 땅에 살아도 대지는 어머니 그 은혜 속에서 생명의 양식을 얻는다.

A) 그가 보내 준 책갈피마다 고향 내음이 난다
진실한 가슴을 가진 그를 글 속에서 만난다
행간마다 상큼하다. 잘 익은 열매를 맛보듯
고향집 굴뚝에서 모락모락 피어오르던 진한 그리움
태평양 건너와 나그네 묵정밭에서 꽃씨를 뿌린다.
-국제소포 1연

B)초록잔디 위에
보라색 자카란다 꽃잎의
마지막 몸부림도
인간의 눈엔
절묘한 색깔의 대비

비 갠 오후
햇살이 그려놓은 쌍무지개
녹색 삶이 춤추는
아름다운 시드니
-삶 전문

C) 두근거리는 가슴
숲에서 피어나는 사랑
서로의 상처
어루만지는 햇살이 되어
계절과 계절 사이에서
때로는
깊은 시감으로 미감으로 촉각으로
때로는
단단하든 부드럽든 달든

그 맛 그대로
서로를 보듬는 것이다
서로의 색깔에 물들여지면서
-사랑 전문

삶의 긍정적 정신의 이민사의 정착 위에서 제2의 고향에 안정을 찾는 인생의 관조가 시드니 속에서 찾는 인생의 관조가 시드니 속에서 찾는 대지의 모정으로 시 속에 따스하게 스며있다.

고국에서 오는 〈국제소포〉 속에서 그 온기와 향기를 시드니에 옮겨 심 듯 「묵정밭에 꽃씨를 뿌리는 것」은 매우 중요하다. 전쟁 분단 가난 정변 데모 탄더미 속에서 까맣게 찌든 강원도 그러나 최근의 뉴스는 경제대국 국제호텔이 들어선 관광지 강원도 지상낙원이라 여겼던 시드니 깨끗한 항구 눈부신 국제공항 그에 못지않은 고국 녹색 삶이 춤추는 시드니 앞에서도 조금은 고개를 드는 서로를 보듬고 차츰 물들어져 가는 적응과 긍정과 안주의 안온함은 종심에 다다른 수양의 덕일까. 체관에 의한 곱게 늙어가기 여백의 미일까. 마지막 제5부 「꿈꾸는 가을꽃」에서는 드넓은 초원에 핀 들꽃을 통해 나그네의 시각에서 이젠 낯익은 오누이나 정겨운 이웃으로 동화되어가는 이웃, 곱게 익어가는 연민을 노래하고 있다. 〈채송화〉 〈꿈꾸는 가을꽃〉은 괄목할 만한 눈부신 작품이다.

훈훈한 바람이 가슴 속에 바다를 껴안고
밀물이 되어 밀려간다. 인생살이
햇볕도 되었다가 바람도 되었다가
그렇게 밀려가고 밀려갈 동안
저 연약한 채송화
세월 따라 피고 지기를 반복하면서
나에게 존엄성을 일깨워 준다
-채송화 중에서

이 시에서 시안 (詩眼)[19] 키가 되는 단어는 '연약한 채송화' 에 있다. 이 거칠고 황량한 남태평양 대양주 큰 하늘 아래 와서 살아남은 자신을 거기에 투영하고 있다. 해바라기나 태산목이나 억센 가시를 가진 장미나 그것보다 연약하고 작은 모든 것에 밀리지만 그래도 당당히 웃음을 웃는 그 생명의 끈기나 은근한 숨은 미덕에 초점이 맞추어져 있다. 지도에서도 너무 작아 외국인들이 잘 모르는 나라 그래서 서양인들은 조선을 은사(隱士)의 [20] 나라라 했다. 21세기 분단국, 그리고 북핵과 안티 아메리카 선봉국 north korea가 있는 세계의 화약고 서울의 인구가 호주 전체의 인구와 맞먹는 큰 도시가 있는 나라 그래도 채송화 같은 나라 무궁화의 나라가 고국이 아닌가.

시간의 잔재 털어내느라 분주하다
어젯밤 내린 비로 말끔히 씻은 대지에
피고 지는 생명의 소리 껴안은 햇살이 따습다

한두 잎 낙엽만 힘없이 몸을 떨 뿐
약속하리만큼 고즈넉한 오후다

간밤의 기억 더듬은 시간은
그리움 조각 베어 물고 허공으로 날아오른다
가을꽃 배시시 여줍잖은 눈으로
봄꿈에 젖어있는 풋과일 같은 시드니의 가을
언제 붉게 익어지려나
-꿈꾸는 가을꽃 전문

---

19) 시안(詩眼) 시의 눈깔은 그 시속에서 화룡점점(畵龍点睛)의 역할을 하는 말로 key word를 가리킬 것이다.
20) 은사의 나라(隱士의 나라) 미국의 W.E.그리피스(Griffis)는 이란 저서를 펴냈다.18세기 19세기 제국주의자들이 식민지 쟁탈에 혈안이 되던 시절에도 한국(조선)은 숨은 선비나 은자처럼 알려지지 않았다.

이민 2세대 30년의 타국살이, 그 모든 고난 설움 다 이겨내고 이제야 제자리 잡은 주인의식, 아직도 마음은 나그네지만 깊던 옅든 뿌리를 내리지 않았는가. 그리고 가을 되돌아갈 수 없는 아스라한 젊은 날 반백의 머리를 이고서 장독대 옆 맨드라미처럼 축에도 못 끼는 채송화처럼 열매 익기 기다리며 초원의 빛을 노래하는 그 낭만에서 이제는 성숙의 가을 열매를 염원하는 그 마음이 새삼 괴로움 속에서도 인생은 축복이라 가만히 속삭인다.

삶은 싸움인가. 관조인가. 방관인가. 체념인가. 앙가지망. 데카지망. 단어는 따로따로 다 있지만 삶은 노동과 땀 흘림과 싸움뿐, 결코 휴전도 종전도 없는 것을…. 싸움 끝내면 그것은 죽음 아니겠는가.

마지막 페이지를 덮으려다 눈에 띈 꽃 〈병솔꽃〉 그가 한사코 나를 붙잡는다.

시와 이름만 알고 아직 뵙지 못한 나향시인이신가, 다시 숨 고르고 눈을 맞추어 보았다. '보틀부러쉬' 모르면서 이름만 들은 꽃 한두 가진가. 눈으로 슬슬 읽어 내려갔다.

태평양 모진 바람에 뿌리내려
꽃이라고 불리기엔 사치라 생각했을까
숨고를 잎마저 뾰족하게 날이 섰다

삶의 광선 반사시키는 대지에
제 뿌리 지켜줄 수액 밀릴지라도
미로 같은 인간사, 씻고 싶었나
붉디 붉은 병솔꽃 미소가 고결하다

–병솔꽃 전문

호주 이민사 위에 아로새겨진 나향 시인의 '자화상' 시라 단정하고 싶어졌다. 시만 보고 아직도 만나 보지 못한 나향 시인. 시 속에서 감지되는 우정을 느꼈기에 스스럼없는 감상과 시정 나의 무례를 만나서 풀어간다면 잘못된 생각이 바로잡아지리라 믿으면서 황무지를 지키는 들꽃 같은 시인의 건재와 정진을 빌며 필을 놓는다.

2010.8 무등산 밑
서은문학연구소에서 서은 문병란 삼가 씀.

인쇄	2010년 9월 10일
초판 1쇄 발행	2010년 9월 13일
지은이	이기순
펴낸이	전형철
편집	GAP
웹디자인	김태완
펴낸곳	도서출판 모던/등록번호 제 16-3544호
인쇄	(주)한진종합인쇄
후원	월간 모던포엠
주소	서울 중구 초동 155-1 덕양빌딩 505호
전화	02-2265-8536
팩스	02-2265-0136
이메일	mopo64@hanmail.net
정가	10,000원